COMMON STOCKS AND COMMON SENSE

THE STRATEGIES, ANALYSES, DECISIONS, AND EMOTIONS OF A PARTICULARLY SUCCESSFUL VALUE INVESTOR

怎样用常识做股票

一个特别成功的价值投资者的
策略、分析、决策和情绪（增订版）

[美] 艾德加·瓦肯海姆三世 Edgar Wachenheim III　著　[澳] 张玉新　译

中国青年出版社

图书在版编目（CIP）数据

怎样用常识做股票：一个特别成功的价值投资者的策略、分析、决策和情绪：增订版 /
（美）艾德加·瓦肯海姆三世著；（澳）张玉新译.
—北京：中国青年出版社，2023.9
书名原文：Common Stocks and Common Sense: The Strategies, Analyses, Decisions, and Emotions
of a Particularly Successful Value Investor
ISBN 978–7–5153–7018–7

Ⅰ.①怎… Ⅱ.①艾… ②张… Ⅲ.①股票投资—基本知识 Ⅳ.①F830.91

中国国家版本馆CIP数据核字（2023）第157105号

怎样用常识做股票：
一个特别成功的价值投资者的策略、分析、决策和情绪：增订版

作　　者：［美］艾德加·瓦肯海姆三世
译　　者：［澳］张玉新
责任编辑：肖　佳
文字编辑：步欣旻
美术编辑：佟雪莹
出　　版：中国青年出版社
发　　行：北京中青文文化传媒有限公司
电　　话：010–65511272 / 65516873
公司网址：www.cyb.com.cn
购书网址：zqwts.tmall.com
印　　刷：大厂回族自治县益利印刷有限公司
版　　次：2023年9月第1版
印　　次：2023年9月第1次印刷
开　　本：787mm×1092mm　1/16
字　　数：185千字
印　　张：14.5
京权图字：01–2022–5519
书　　号：ISBN 978–7–5153–7018–7
定　　价：59.90元

致我亲爱的妻子苏，

以及我的 4 个孩子和 7 个孙辈。

除了健康，

没有什么比家庭更重要。

目　录

Contents

成功的投资在于比大多数其他投资者更准确地预测未来；
我们预测IBM的成本结构将发生变化。

成功的投资往往在很大程度上取决于企业领导层的能力和
动机。

当他们的"天鹅"被定价得像"丑小鸭"一样时，投资者可
能会感到沮丧。

通过成功预测公司或行业基本面的重大积极变化，可以获得
巨额利润。

投资者往往不能充分区分短期的分散问题和长期的系统性
弱点。

投资并不是为了每次持有都能获得良好的回报，而是为了获
得良好的平均击中率。

Contents | 目 录

前　言

Introduction

　　我热衷于投资普通股。在过去的40多年里，我研究了公司和行业的基本面，采访了管理层，参观了办公室和工厂，构建了关于公司未来可能的收益模型，并做出了成千上万个买卖股票的决策。我的努力是高强度的、令人兴奋的、有趣的并且也是成功的。在其他成千上万个投资经理中，许多人的智商都比我高，他们也一直在寻找未来可能会大幅升值的股票，但很少有人能像我这样成功。为什么我能成功？这个问题没有简单的答案。如果有一个简单的答案，那么其他大多数人也会找到它并采用这种能轻易获得成功的投资方法，然后享受超高的回报。但这并没有发生。所以一定有某些原因使一些投资者比其他投资者更成功。

　　我希望其他人能从我的投资方法中受益。因此，本书将探讨我认为我相对成功的原因，并描述我多年来所做的投资决策背后的逻辑。我将如何做呢？我是哈佛商学院的毕业生，哈佛商学院通过案例教学法教授商学。因此我相信案例教学法是一种有趣的、相关的并且也是有效的方式，可以用来解释商业和投资决策背后的战略和思维，所以我在本书中使用了这种方法。第3章至第14章详细介绍了我于1987年创立的投资管理公司格林黑文联合公司（Greenhaven，以下简称"格林黑文"）多年来进行的12项投资。这些章节总结了格林黑文的实际投资过程，它包括我们的投资研究、投资分析、投资模型和投资决策。这些章节还试图解释投资行业的心理行为方面，它包括我们的情绪、野心、希望、兴奋和失望。这些章节是本书的核心部分，应该能让读者详细了解一名投资经理是如何花费时间并做出决定的。此外，更为重要的是，这些章节将向读者实质性地说明为什么我是一个相对成功的投资者——哪些特质让我成功，哪些特质让我失败。

为了让读者更好地理解我在第3章至第14章中所做的投资决策，我加入了第1章，这一章解释了格林黑文的基本投资方法和策略。一个投资者能否成功地实施他的投资策略，在很大程度上取决于他的性格、气质和阅历。因此我在第2章中提到了我的天赋，更重要的是，还有我的性格、情绪、教育和职业经历。

第15章是本书的最后一章，是我写给杰克·埃尔加特（Jack Elgart）的一封信。杰克·埃尔加特是一位年轻的投资者，他向我请教如何成为一名成功的投资经理。这封信总结了我的投资策略，并列出了多年来我发现的一些有用的"该做的和不该做的"行为准则。

在我十几二十几岁的时候，我父亲不断地告诉我，隐藏自己的能力是一种天赋，而我的岳父则不断地告诫我，一个人不应该让别人注意自己。那么，我为什么要写这本书呢？为什么要违抗我尊敬的、敬爱的长者的告诫呢？原因如下：投资普通股是我一生的工作、我的激情、我的乐趣、我的收入来源和财富来源。多年来，为了成为一名更好的投资者，我努力学习，深入思考为什么一些投资理念对我有效，而另一些则对我无效。我思考过那些成为成功投资者的人与生俱来的能力、经验、创造力和精神状态，也思考过那些没有成功的人在这些方面是什么样的。由此，我总结出了一套我自己的投资心理学和投资分析的方法，这些方法对我来说很成功。近年来，我产生了一种强烈的愿望——几乎是一种使命感——我应该与他人分享这些方法和经验，以免它们被时间遗忘。这就是我写这本书的原因。

虽然书中描述的每一项投资背后的基本事实都是准确的，但我已经忘记了许多细节，例如确切的对话、收入和收益的估计值、日期和地点。我尽可能近似地给出这些数字——或者，在某些情况下，尽力从我不完美的记忆中提取出来。此外，为了保护一些人的隐私，我已经擅自更改了他们的姓名和背景。我还修改了给杰克·埃尔加特的信，加入了新的方法和策略，并扩展了一些解释。

我强烈希望这本书能激发人们对投资过程的思考。即使读者不同意我的部分或全部投资方法——只要这本书能促使读者深入思考投资的科学和艺术，我就会觉得花在写这本书上的时间和精力是值得的。

第1章

我的投资方法

注意：本章的大部分内容对大多数有经验的投资者来说并不陌生。我写这一章的目的是让缺乏经验的投资者尽快了解价值投资的原则。

在我看来，好的投资决策在很大程度上是一种常识，只是由于人类行为的不完美而变得有些困难。我们可以从一个简单的概念开始：从长期来看，即使普通股的回报率只相当于股市的平均收益，对于一个投资者来说，它也是一种非常有吸引力的投资工具。从1960年到2020年的60年间，美国普通股的平均年总回报率（资本利得加上股息）接近10%。除了提供这种有利的回报之外，普通股还具有很强的市场流动性——交易普通股不需要很高的交易成本，它们可以很容易地被买卖。同样重要的是，如果选择得当，普通股可以在相当大的程度上对冲永久性损失的风险。还有什么比普通股更好的投资呢？丰厚的回报、极高的流动性和相对的安全性！这几乎就是一个本垒打的组合，这也是我非常喜欢投资普通股的原因。

普通股在60年间提供的大约10%的平均年回报率是符合经济学常识的。因为在此期间，如果对几个异常年份进行调整，美国经济年增长率大约为6%[1]：其中，大约3%来自实际增长（单位产出），大约3%来自通货膨胀（价格

---

[1] 1973年至1982年间的通货膨胀率异常地高。

上涨）。其间，公司的收入与国家经济同步增长，公司的收益也大致与公司收入同步增长。虽然美国普通股的市盈率在这60年间波动很大，但它们几乎一直围绕着约16倍的平均值上下波动。因此，在不考虑企业收购和股票回购的情况下，由于整体经济的增长，这些年来普通股的年均升值率约为6%。

平均而言，美国公司产生的现金远远多于支持其增长所需的现金。这些多余的现金可以被公司用来支付股息，收购其他公司，或回购他们自己的股票。在过去的60年里，股息提供了3%的年均收益率，而收购和股票回购加在一起使上市公司的每股收益年均增长近1%。

因此，一个普通公司的每股收益大约以每年6%的速度"系统性地"增长。而如果考虑到收购和股票回购的情况，增长率就会变为约7%。如果再把3%的股息收益率加到这7%的收益率上，一个常年不断投资普通股的普通投资者就最终会获得大约10%的总年均回报率。

尽管很难预测未来，但如果假设美国继续保持相当的繁荣状态和原有的制度，即使美国经济的增长速度比过去慢一些，我认为美国股票市场也没有理由不继续提供年均近10%的回报。如果未来的增长受到一定程度的削弱，那么企业就不再需要将那么多的现金投入业务中以支持增长。因此，企业就会有更多的自由现金用于支付股息、收购其他公司或回购其股票——这些活动带来的回报应该能大部分或完全抵消因增长放缓所带来的回报降低。

尽管普通股有许多积极的属性，不过很多投资者还是对普通股望而却步，因为他们害怕股市的波动，特别是伴随着媒体和华尔街的负面消息而来的急剧下跌。许多人认为波动性是一种风险。重要的是，我们在考虑风险时，需要对永久性损失和波动性进行明确的区分。前者正如其字面含义：无法挽回的损失。永久性损失是有害的，我们应该不惜一切代价地避免它，像遇见新冠肺炎病毒要避而远之一样。它们对财富的积累是绝对不利的。相反，波动性只是股票或市场在价格上的波动（不是价值上的波动）。向下的波动通常令人紧张，但除此之外，它也相当无害。市场和股票是趋于波动的——一直以来都是如此，并且可能在将来也会如此。重要的是，每次股票市场经历下跌后都会完全恢复，然后再上升到一个新的高度。

2008年秋季和2009年冬季的金融危机是股票市场波动性的一个极端例子。在2008年8月底至2009年2月底的6个月内，标准普尔500指数从1282.83点跌至735.09点，下跌了42%。然而，到2011年初，标准普尔500指数已经恢复到1280点的水平。到2014年8月，标准普尔500指数已经上升到2000点左右的水平。如果一个投资者在2008年8月31日购买了标准普尔500指数，在6年后卖出（他经历了自大萧条以来最严重的金融危机和经济衰退），在不计算股息红利的情况下，他/她的[①]这项投资仍然可以获得56%的利润——如果再把他在这6年期间获得的股息红利算进去，那么他的回报率则会上升至69%。前文我提到在过去60年的时间里，股市提供了大约10%的平均年回报率。在2008年8月至2014年8月这6年中，股市提供了11.1%的平均年回报率。尽管金融危机给投资者带来了非同寻常的恐惧并导致了深度的经济衰退，但在金融危机发生后的6年里，年平均回报率仍超过了正常范围。

因此，2008—2009年的金融危机，尽管看上去很可怕，但它并没有对美国股市普通股的总市值产生实质性的长期影响。金融危机期间的股价波动对于有耐心的长期投资者来说是无足轻重的。

事实上，投资者应该把波动性当作朋友。高波动性允许投资者在股价特别低迷时买入，并在股价特别高时卖出。波动性越大，就越有机会以非常低的价格买入，然后以非常高的价格卖出。但是，如果在你购买后股价急剧下

---

① 在本书中，每当我提到"他的"或"他"时，亦包括"她的"或"她"，为行文简便，以下简称"他"。

跌，会发生什么？你不用在意，可以假设以你支付的价格来看，这只股票是一项被低估的投资。最终，该股票的价格会恢复，然后升值，直到远远超过你的购入成本。

这个情形让我想到了普通股的另一个重要的积极属性，即投资者可以决定他买入和卖出股票的确切时间，因而决定其成功与否的唯一因素是购买时的股票价格和出售时的股票价格。对一个不幸的学生来说，其在某一科目上的最终成绩通常取决于家庭作业、出勤率、课堂测验和期中考试成绩。而对一个投资者来说，其唯一重要的成绩是决定卖出股票的时候，他从中获得的利润。一个投资者可能以80美元的价格购买一家公司的股票，然后股票的价格可能会下降到40美元（不及格的成绩），并一整年都保持在40美元的水平上（绝对的不及格成绩）。之后股票可能开始上涨，在投资者购买3年后，这只股票的价格达到160美元（一个A+的成绩）。此时投资者可能以160美元的价格出售股票，从而使他的资金在3年内翻倍。当投资者收到他的成绩单时，他的最终成绩是A+，而中间所有的不及格成绩都被扔掉了。除非投资者是在40美元的时候被迫卖出股票，否则中间的价格是无关紧要的。当然，如果投资者有资源和意愿在股价跌到40美元的时候购买更多的股票，那么在这种情况下，40美元的价格反而是一种幸福。股价的极端波动在这时就如同亲密的好朋友一般。

尽管许多投资者认为，他们应该在股市下跌时不断降低投资股市的风险，但我不同意这种观点。每次股市下跌，最终都会完全恢复过来。通过做空股票，或购买标准普尔500指数看跌期权，或其他任何方法来对冲股市下跌，通常是昂贵的，从长远来看，就是浪费金钱。但是，如果股市偶尔升至过高水平，你该如何保护自己呢？你可能会卖出投资组合中的股票，因为它们的价格已经上涨到风险回报比失去吸引力的水平。你投资组合中持有的现金水平也很可能会增加（或者可能在投资组合中占到很大的比例），因为在一个狂热的市场中很难找到有吸引力的投资机会。这个时候持有现金可以在市场下跌时提供保护。然而，重要的是，积累现金并不是在有意识地为可能发生的市场下跌提供保护，而是市场达到一个高点后的结果。

因此，一般能力的普通股投资者应该能够获得约10%的平均年回报率，而不会承担永久性损失的巨大风险。我有一篇论文解释了普通股在风险回报比上特别具有吸引力。投资者从任何类型的投资中要求的回报都是该投资感知风险的函数。投资的感知风险越高，投资者要求的回报就越高。正如前面所讨论的，大多数投资者错误地认为波动是一种风险。因此，这些投资者要求从普通股中获得高于其风险所对应的回报。这个错误就是我们的机会，也是我把波动性视为朋友的另一个原因。

虽然股票市场本身很有吸引力，但我的目标和希望是在一段时间内显著地超越股票市场的表现。我的具体目标是在我们的投资组合不会遭受永久性损失的巨大风险的情况下，实现15%至20%的年平均回报率。令人高兴的是，我们已经实现了这些目标。在过去30年里，我们管理的账户取得了约18%的年平均回报率。取得该成绩的一个重要因素是我在20世纪80年代初制定的一项策略。该策略是尝试购买被严重低估的、实力强大的成长型公司股票，希望这些公司的股价能因未来的积极发展而大幅上涨，且这些未来可能发生的积极发展还没有在很大程度上反映到目前的股价中。我们的理由是被低估、具有高增长潜力和实力强劲的公司能够为我们提供珍贵的、可以防止永久性损失的保护，并且这些公司具有积极发展的可能性，它们的股票可以为我们提供获得高额回报的机会。我们通常购买一家公司的股票，并且预期在未来几年内会有一个或多个积极的发展信号推动该股价格大幅上涨，实现后再出售该股票。积极的发展可能包括所在行业的周期性上升、开发出令人振奋的新产品或服务、将一家公司出售给另一家公司、用一个有效的管理层取代一个无效的管理层、启动一个重要的成本削减计划或者启动一个大额的股票回购计划。但重要的是，我们预测的积极发展不应该已经被大量其他投资者预测到了。我们需要有创造性，并远远领先于大众的认知曲线。如果我们不能提前预测，那么很有可能这些未来积极发展的可能性已经在很大程度上反映在股价中了。

但是，如果我们对一只股票的判断是错误的，例如预测的积极发展没有发生（这种情况确实存在），该怎么办？其实，该股票的低估值、强劲实力和未来的增长仍然提供了一个获得合理回报的机会。我们没有得到蛋糕的糖霜，但至少可以得到蛋糕。

这种预测公司未来积极变化的策略是符合常识的。在任何时候，一只股票的价格都反映了大多数投资者的加权意见。为了获得超额回报，我们需要对公司未来的发展持有与大多数投资者不同且更准确的观点。事实上，可以说，成功的投资就是比其他大多数投资者能更准确地预测未来。

我在前文说过，如果选择得当，普通股可以提供相当大的保护，以预防永久性损失的风险。但我们用什么标准来筛选可以提供这种保护的股票呢？当然，我们并没有分析永久性损失风险的公式。如果投资可以简化为公式，那么世界上最富有的人都将是数学家。然而，寻找这样的股票仍然是有迹可循的。一家拥有杠杆资产负债表的公司（相对于它的现金流和资产而言，有大量的债务）可能在困难时期没有足够的现金来支付它所欠的债务利息，在这种情况下，它可能不得不申请破产（在破产程序中，普通股股东通常会损失他的大部分投资）。如果一家公司的价值依赖于单一技术，那么如果该技术变得过时，这家公司可能就会永久地失去其大部分的价值。例如，数码相机的出现已经使得柯达公司的化学胶片过时，其结果是柯达公司的股票永久地失去了它的大部分价值。此外，如果一个投资者为一只股票支付了过高的价格，他也可能遭受永久性的损失。

为了最大限度地减少永久性损失的风险，我会在购买股票时寻找一个安全边际。它是指投资者购买股票的价格应充分低于他对这个股票内在价值的估计。即使后续事实证明投资者高估了所购买股票的内在价值，安全边际的概念也会使投资者免受永久性损失。一个比喻是，一个投资者站在大楼的第10层，等待电梯把他送到大厅。电梯门打开了，投资者注意到电梯的额定承重是270千克。假设这时电梯里已经有两个相对肥胖的人，投资者估计他们的体重分别为90千克。投资者知道他自己的体重是80千克，因此他不应该进入该电梯，因为安全边际不足。他也许低估了这两个相对肥胖的人的体重（两人体重可能超过180千克），抑或电梯公司高估了电梯缆绳的强度（电梯缆绳也许无法承受270千克的重量）。投资者这时会等待下一部电梯的到来。门开了，电梯里有一个瘦小的老太太，投资者向这位女士打招呼，然后进入电梯。在他前往大厅的路上，采用这样的做法会获得很高的安全边际。

我们对安全边际的追求使我们成为"价值"投资者而非"成长股"投资者。作为价值投资者，我们非常重视我们为股票支付的价格（与我们对其内在价值的评估相比）是否过高了。相反，成长股投资者更重视一个公司的增长速度，而较少关注他为该增长所支付的价格。如果一个成长股投资者购买了一个增长速度为15%的公司的股票，并且持有该股票多年，那么他的大部分回报将来自公司业绩的增长，而不是来自股票市盈率的变化。因此，大多数成长股投资者愿意为具有高市盈率的股票买单。我对投资成长股是有疑虑的。公司往往不会永远保持高速增长，企业的增长率会随着时间而改变。例如，市场变得成熟会导致竞争加剧，或者好的管理层可能会退休，而接替的管理层能力较差。事实上，股票市场上到处都是曾经拥有高利润的成长股，但这些曾经的成长股由于失去了竞争优势，变成了盈利能力较差的周期性股票。柯达公司就是一个例子，施乐公司是另一个例子，国际商业机器公司（以下简称"IBM"）是第三个例子。还有其他数以百计的类似例子。当成长股的高增长性永久性地衰退时，它们的股价会随着它们市盈率的急剧下跌而缩水，有时还会随着收益的下降而下跌。这些股票的投资者可能会遭受大幅度的永久性损失。许多投资者声称，他们能够在股价大幅下跌之前卖出增长乏力的股票。但是，在实践中，很难确定一家公司面临的威胁是可以被克服的、暂时性的，还是永久性的。这就好像剧院发生火灾时的情况，当观众明显感觉到剧院里发生了火灾时，只有一小部分观众能在第一时间逃离，能成为第一批从出口逃出去的人。因此，许多成长股投资者最后都遭受了永久性损失。

除了避免为成长股支付高倍数外（指购买的股票具有过高的市盈率），我还倾向于回避投资实力较弱的公司的股票，即使它们是以很低的价格出售。一些价值投资者被境况不佳、未来具有高度不确定性的公司的极低股价所吸引。我称这些为"雪茄烟蒂"投资。它们适合多吸几口，但仅此而已。我强烈倾向于购买价值被低估的股票，但这些公司必须是实力雄厚、境况良好的公司。我的经验是，被低估的股票有时需要若干年的时间，或受到正向事件的推动，其价格才能上升到内在价值对应的高度。而如果投资者投资一家境况不佳的公司，在持有期间，公司的内在价值可能会增长缓慢，甚至可能在某些情况下，下降到导致投资者遭受永久损失的水平。与此形成鲜明对比的是，境况良好的公司的内在价值应该每年增长7%以上[①]。这就是为什么我们会说时间是好企业的朋友，是差企业的敌人。

投资者经常面临这样的抉择：是购买一只风险较大、上升潜力特别大的

---

① 内在价值应该与每股收益的增长相一致。如前所述，在过去的60年里，一个普通公司的每股收益以年化7%左右的速度增长。

股票，还是购买一只风险较小、上升潜力较小的股票？我们倾向于购买风险较小的股票，因为我们非常信奉沃伦·巴菲特（Warren Buffett）提出的关于成为成功投资者的两条准则。第一条准则是避免严重的永久性损失，第二条准则是永远不要忘记第一条准则。这种强调避免风险的做法是有充分理由的。如果一个投资者以50%的损失卖出一只股票，并将所得资金再投资于第二只股票，那么第二只股票必须升值100%，才能使投资者收回在第一只股票上的损失。此外，巨大的永久性损失会打击投资者的信心——我坚信，一个好的投资者需要对自己的决策能力有高度的信心，因为投资决策很少是明确的，通常会被不确定性和未知因素所困扰。

我们的策略是规避风险（但不被波动扰乱心绪），以及购买价值被低估的强大且在成长中的公司的股票，这些公司有望因积极的变化而大幅升值——这是我们多年来取得成功的重要原因。但其他大多数投资者，包括许多高智商和经验丰富的人，也有合理的投资策略，却无法在实质上超越标准普尔500指数的表现。为什么呢？我的有力回答——也是本书的一个关键点，就是一个成功的投资者还需要某些其他能力，这些能力更多的是行为上的，而不是分析上的。特别地，我认为一个成功的投资者必须善于做出与传统智慧相反的决定；必须有足够的信心根据未来发展的概率得出结论，而不是对最近的趋势进行推断；必须能够在有压力和困难的时期控制自己的情绪。这三种行为特征是如此重要，值得我们进一步分析。

做一个逆向思维投资者

因为在任何时候，一只股票的价格都是由大多数投资者的意见决定的，所以在我们看来被低估的股票，在其他大多数投资者眼里反而是正常的。因此，认为股票被低估了——这表明我们采取了一种逆向思维的立场，一种不被大众认可甚至很可能会非常孤独的立场。我们的经验是，虽然许多投资者声称他们是逆向思维者，但在实践中，大多数人发现违背传统智慧，进行与其他投资者（诸如华尔街分析师和媒体）的主流观点背道而驰的投资是困难的。大多数投资者最终只是成为跟随者，而不是领导者。

事实上，我相信大多数人无法在投资上与主流观点背道而驰，这是惯性，而且很可能是一种遗传性的特征。我无法从科学上证明这一点，但我目睹了太多聪明而有经验的投资者回避投资被低估的股票（虽然这些股票被置于阴云之下），而倾向于投资估值充分的股票，并年复一年地重复这种模式——尽管他们肯定已经意识到了这种模式最多只能带来平庸的结果。一位和我定期吃饭、讨论投资理念的朋友就是这样一个例子。我叫他丹尼，丹尼有很高的智商，在投资领域已经有40多年的工作经验。他以接近全班第一名的优异成绩毕业于一所教育极为严谨的私立高中，之后他考取了一所常春藤盟校。毕业之后，他曾担任过多年的证券分析师和投资经理，并最终领导了一家颇具规模的投资管理公司。丹尼的这份简历绝对是A+级别的。

然而，丹尼的投资结果是平庸的，他的投资成绩也许只达到C或C+。当我谈论一只不应该被低估的股票时（虽然这只股票暂时面临着问题，但很可能在未来会因问题得到缓解而大幅升值），丹尼会聚精会神地听着，且经常表现出购买该股票的兴趣。然而，在后续的谈话中，丹尼经常会提到他正在等待一些表明问题已经缓解的信号出现，然后再购买该股票。当然，当这样的信号在我和丹尼之后的晚餐谈话中变得明显时，很可能对许多其他投资者来说也已经是显而易见的了。并且到那时，股票的价格就已经部分或完全对即将发生的变化做出了反应。因此，丹尼总是容易购买那些已经大幅升值的股票。丹尼完全知道他的判断失误，因此我可以很容易地得出结论：他不愿意购买处于阴霾之中的股票是一种习惯。他缺乏成为一个逆向思维领导者的能力，从而只能成为从众者之一。

要有信心

投资决策很少是明确的。投资者收到的关于公司基本面的信息通常不仅是不完整的，还是相互矛盾的。每个公司都有现有的或潜在的问题，以及现有的或未来的优势。人们无法确定未来社会对一个公司产品或服务的需求，无法确定未来竞争对手推出的某种新产品或服务能否成功，无法确定未来的通货膨胀引起的成本增加多少，甚至无法确定其他几十个相关变量的变化。因此，投资结果是不确定的。然而，在做决定时，投资者往往可以评估某些结果发生的概率，然后根据这些概率做出他的决定——投资行为是概率性的。

在我看来，在一个概率论的世界里做出理性的决定需要信心。我观察到，缺乏信心的投资者往往会推迟做出决定，以寻求更多的信息来支持他们的观点。有时，这种拖延会成为永久性的，从而机会也就永远地失去了。沃伦·巴菲特曾说，投资者不需要对每一个掷过来的球都做击打。但是，如果一个投资者只对特别"肥美"的发球有信心而挥杆击打，就会错过太多的其他好球，长此以往，他很可能在看到特别肥美的发球之前就已经出局了。

在我的职业生涯中，我购买过许多本不应该购买的股票，也错过了很多本应该购买的其他股票。经常有人问我，鉴于许多决策的结果并不像事前预测的那样发展，我如何保持我的投资信心？对于这个问题，我的答案是，为了保持我的信心，并避免因所做的决策而后悔（因错过的机会或不成功的购买而心烦意乱），我在决策的正确性和决策的结果之间划分出一个显著的区别。如果我仔细分析了一只证券，并且我的分析是基于足够多的准确信息，那么我总是能做出正确的决策。诚然，投资决策的结果可能不尽如人意，但我认识到，投资决策总是概率性的，不可预测的后续变化或事件可能会改变结果。因此，基于我所知道的所有信息，我尽力做出合理的决定，而不用担心其结果。

这就好像我在打高尔夫球时的推杆。在推杆前，我仔细评估果岭的轮廓和速度。我进行了几次练习，把推杆对准我想要的路线。然后，我推杆，希望能达到最好的结果。有时候，球会进洞，但大多数情况下都会失手。可我并不担心失手或失误的问题。通过打高尔夫球，在做出投资决策的过程中消除焦躁，使我能更理性地思考，更自信地行动，从而做出更好的决定——尤其是当投资决定与传统投资智慧相悖或遇到其他方面的困难时。这样我就可以在晚上睡个好觉了！

控制情绪

我观察到，当股市或某只股票疲软时，许多投资者往往会倾向于对糟糕的表现做出情绪化的反应，并失去他们原有的视角和耐心。来自华尔街和媒体的负面报道往往会加剧这一现象——这些报道往往会过度强调市场疲软原因的重要性。有一种说法，即每天都有成千上万架的飞机起飞和降落，但你在报纸上读到的只有那些飞机坠毁的消息。负面新闻更容易吸引人们的关注。如果负面新闻引发了对股票的进一步抛售压力和进一步的情绪化反应，那么这种消极主义往往会不断自我叠加。在负面新闻的包围下，投资者往往会做出非理性的、代价高昂的决定，这些决定更多的是基于情绪的，而不是基本面的。这就导致在出现坏消息的时候，投资者频繁地卖出股票，反之，在好消息出现后，他们会频繁地买入股票。当然，投资者通常是在股票价格已经出现实质性下跌后才卖出股票，抑或是在股票价格已经出现实质性上涨后才买入股票。因此，根据对短期新闻产生的情绪化反应进行的市场交易通常是成本高昂的，有时甚至是非常高昂的。约翰·梅纳德·凯恩斯（John Maynard Keynes）针对市场交易说过以下的话，"大多数试图交易的人都卖得太晚或买得太晚，而且在太多情况下两者兼而有之"①。

1987年10月19日，由于恐慌性抛售，标准普尔500指数下跌了20.9%。这次急剧下跌没有明显的基本面原因。那天晚上，在前往纽约州拉伊市的火车上，和我同车的人脸色都很苍白。下火车时，我向一位管理一家中型投资公司的朋友打招呼。我的朋友看起来很沮丧，他评价道，当天的市场崩溃是自大萧条以来最严重的一场金融灾难——大多数投资者可能会对股票市场失去信心，从而引发股票价格的进一步下跌，而且市场需要数年才能恢复。他说他当天卖出了一些股票，并打算在第二天卖出更多。我对我朋友的逻辑——确切地说，缺乏逻辑——感到失望。让我们假设我的朋友在10月18日拥有X股票，因为他相信它的价值是14美元，而当时的价格是10美元。让我们进一步假设该股票在10月19日与市场同步下跌，以至于当天X股票的收盘价仅为7.9美元。我的朋友现在打算以7.9美元的价格出售该股票，尽管一天前他还认为该股票价值14美元。这样的抛售是毫无意义的。这说明我的朋友是根据情绪而不是理性来行事的。而这一错误的代价也是高昂的，因为在接下来的两年里标准普尔500指数上涨了50%以上。

包普斯特集团的创始人赛思·卡拉曼（Seth Klarman）曾经说过，"人们不

---

① Keynes, J. M. (1938). Memorandum for the estates committee. Paper presented to the Estates Committee, Kings College at Cambridge University (8 May).

会有意识地选择在投资中情绪化——他们只是忍不住"①。通过观察，我极为赞同赛思·卡拉曼的观点。我不断地看到聪明而经验丰富的投资者一再失去对自己情绪的控制，在压力下做出不明智的决定。当然，这些聪明而经验丰富的投资者必须认识到，他们的情绪是导致他们犯错的核心因素。为什么他们没有从错误中汲取教训，从而把控自己的情绪？他们在压力下无法不带感情色彩地思考和行动是习惯性的、根深蒂固的吗？我不能确定这些问题的答案，但我不会放弃这样一个观念，即人类通过努力和思考，可以充分抑制自己的情绪，以便在受到压力时做出理性的决定。这一切所需的只是自律——也许是很强的自律，但对于愿意接受挑战的投资者来说，这并不是不可逾越的。

这里有一种方法。当一名投资者被特别坏或特别好的消息冲击时，他可以重读他在消息出现之前写的备忘录、笔记或者模型。然后他可以问自己3个问题：是什么真正发生了变化？这些变化如何影响我所考虑的投资价值？我是否确定我对这些变化的评价是理性的，而没有受到消息的即时性和严重性的过度影响？通过意识到自己的情绪并有意识地尝试控制它们，投资者才能够做出更好的决定。这一点很重要，因为在我看来，对即时新闻的过度反应是导致投资者在股市中表现不佳的一个主要原因。

· · ·

我相信，读完第3章到第14章的读者会得出这样的结论：我的逆向思维能力、自信投资的能力以及控制情绪的能力是我多年来获得成功的主要原因。

---

① Biggs, B.（2008）. *Hedgehogging*. Hoboken, NJ: Wiley, p. 259.

是的，大多数图书强调的分析技术是很重要的，但只有当一个临危不乱的、有逻辑的、有信心的、不受情绪化干扰的头脑有能力使用这些分析技术来做出成功的投资决策时，这种重要性才有意义。这就是本书的关键所在。

因此，如果一个人认为他具有成为一名成功投资者所应该具有的行为特征、分析技术和知识①，我建议他进入投资领域，并成为一名分析和持有普通股的主动投资者。对他来说，主动投资应该是奏效的，并能为他提供高于市场平均水平的回报。一个主动投资者应该享受分析、选择和持有股票所带来的兴奋感和智力上的满足感。

然而，如果一个人认为他没有能力成为一名成功的投资者，那么他应该被动地投资于指数基金或宽基交易所交易基金（ETF），这些基金的设计目的是追求与市场平均回报大致持平的业绩。最近，指数基金和ETFs的激增证明许多投资者已经发现他们的长期投资成果无法超越股市的平均回报。为了我们国家的利益，我对这种趋势是认可的。大多数个人投资者不要试图与有天赋的专业投资者竞争，就像大多数只在周末打网球的人不要试图与世界排名靠前的职业网球运动员打比赛一样。他们会输，并且通常会输得很惨。

---

① 获取信息可以成为投资者的一个重要竞争优势，而且不可否认，专业投资者通常比非专业投资者能获得更多的信息。

第 2 章

我的人生简介

我相信投资者的成功在很大程度上是由他的个性决定的，因此我相信本书的读者对我天生的个性和我的生活经历有一个实质性的了解是非常有用的。如果我生来拥有另一种个性，或者受到不同的导师或老板的指导，那么我的投资风格、投资决策和所获的成功很可能与现在大不相同。因此，在试图了解为什么我做出了某些投资决策之前，读者可以了解我的个人背景，所以我提供了大量关于我的背景资料。该背景资料分为8个部分。

1. 成为独立思考者和逆向思维者的意愿和能力

我一直是一个独立思考者，我期望并且能够做出与传统智慧相反的决定。

据我父母说，我在很小的时候就是一个具有独立思考能力的孩子了。我在读一年级的时候，对无数无形之物的存在提出过质疑，包括上帝、圣诞老人和牙仙（尽管每当我掉了一颗牙，牙仙就会在我的枕头下放上一点零钱），这显然让我的父母很为难。我是一个典型的"多疑的多马"（怀疑主义者，怀疑一切的人）。在高中、大学，特别是在哈佛商学院，我很享受与开创性观点相关的智力发展过程。这些观点要么是原创的，要么与其他学生相反——有时甚至是老师的观点相反。

我对一件自己叛逆和逆向思维的往事印象深刻。高中时，我的美国史老师是唐纳德·埃里克森（Donald Erickson）先生。每天上学时，埃里克森先生都会讲述美国历史上的一个特定事件，然后指定我们在当天晚上阅读有关该事件的资料。他的课很无聊，甚至可以称得上无趣。他的课几乎没有课堂讨论，也没有批判性思维。我决定做一个叛逆者。在家里，我找到了我父亲美国史课程的大学课本，这本书比我们的高中课本要详细得多，也复杂得多。我决定在埃里克森先生上课前阅读这本大学课本中的各种事件，并记住关键日期和结果。然后，当埃里克森先生在课堂上讲述这些事件时，如果他犯了错误，我就随时准备纠正他——或者如果他对某一事件的描述不够合理，我就随时准备提供额外的细节："埃里克森先生，我相信，波士顿倾茶事件的捍卫者是塞缪尔·亚当斯（Samuel Adams），而不是你所说的约翰·亚当斯（John Adams）。塞缪尔·亚当斯和约翰·亚当斯是远房表兄弟。"几天后在课堂上，"埃里克森先生，我相信萨拉托加战役（Battle of Saratoga）发生在1777年秋天，而不是你所说的春天。那一定是秋天，因为博戈因将军（General Burgoyne）直到6月13日才开始从魁北克向南进军，直到7月7日才在提康德罗加堡击败美国人，然后他继续向南，在9月中旬到达萨拉托加"。

终于，埃里克森先生受够了我。他向我提出了一个我无法拒绝的交易。埃里克森先生是美国前农业部部长、富兰克林·罗斯福（Franklin Roosevelt）政府副总统亨利·A. 华莱士（Henry A. Wallace）的邻居和老熟人。在担任农业部部长期间，亨利·A. 华莱士支持了一项他称之为"常平仓"（Ever-Normal Granary）的计划。埃里克森先生提出的交易是，如果我采访亨利·A. 华莱士并写一篇关于"常平仓"的论文，我就可以在这学期剩下的时间里不上课。我在两秒钟内就接受了这个交易（并说了"好"）。对一个高三学生来说，采访美国前副总统是一件令人兴奋的事情，比上一门无聊的课好多了。

"常平仓"是一个简单的概念。当玉米、小麦或大豆的大丰收导致供应过剩，从而对价格产生下行压力时，政府将进行干预，购买足够数量的农作物，以稳定价格。政府将购买的农作物储存在粮仓中。然后，当农作物歉收面对短缺威胁和价格上涨的压力时，政府将试图通过出售粮仓中储存的部分或全部农作物来稳定市场。政府稳定农作物市场的行动理论上对农民和消费者都有好处。这是一个双赢的局面。

我采访了亨利·A.华莱士两次。两次都很顺利，我开始写所要求的论文。埃里克森先生认为"常平仓"是一个极好的概念，亨利·A.华莱士当然也很喜欢它。我考虑了"常平仓"的实用性，带着一种狡黠的愉悦得出了一个截然不同的结论。我的结论是，如果政府在农民生产了过量农作物的某一年将价格稳定在一个相对较高的水平，农民将有经济动机继续大量种植该农作物。因此，除了罕见的恶劣天气，农民将不断生产过剩的粮食，政府将不得不购买。最终，粮仓会被填满。然后会发生什么事情呢？此外，如果政府将美国的粮食价格稳定在人为的高水平上，怎样才能防止进口商以更低的价格从其他同样出现农作物过剩的国家购买农作物并涌入市场？"常平仓"的概念在纸面上听起来不错，但我的结论是，它在实践中根本行不通。埃里克森先生当然对我的结论很不满意，他要我保证不把这个结论告诉亨利·A.华莱士。因此，17岁的我是一个与美国前副总统和我的老师背道而驰的人。但我的美国史期末成绩确实是A+，期末考试我得了97分，尽管我这学期大部分时间都缺课。

我坚信，我成为一个逆向思维者的意愿和能力是我DNA的一部分。

2. 获得财务成功的动力

曾经，我父母的家庭都相当富有。但这些年来大部分的财富都流失了，这对我和我的兄弟来说是不幸的，也是幸运的。

我父亲的曾祖父迈克尔·桑普特（Michael Sampter）是 M. Sampter & Sons 公司的创始人，该公司是最早的"成衣"（ready-made）服装公司之一，因此他变得很富有。我的祖母埃尔薇·格雷斯·桑普特·瓦肯海姆（Elvie Grace Sampter Wachenheim）在曼哈顿的一座豪宅里长大，家中有私人家庭教师和助教。她与她的父母和姐姐一起在欧洲度假，并在阿迪朗达克山脉的一个家族湖滨庄园度过夏天，在那里，一位来自阿贝纳基部落的印第安人向导带领桑普特家的女孩们钓鱼、划船和登山旅行。然而，在我祖母十几岁的时候，M. Sampter & Sons 公司已经不再盈利[1]，大部分的家族财富也随之流失。

1906 年，埃尔薇·桑普特与艾德加·瓦肯海姆（Edgar Wachenheim）结婚，后者当时是 Speyer 公司的一名成功的投资银行家。因此，我的父亲小艾德加也是在一个有一定财富的家庭中长大的。然而，大萧条改变了瓦肯海姆家族的命运。我的祖父分担 Speyer 公司的盈亏。到 20 世纪 30 年代中期，利润变成了亏损，我的祖父决定通过退休来防止他的损失进一步扩大。虽然按照 20 世纪 30 年代的标准，老瓦肯海姆一家仍然很富有，但由于 Speyer 公司在 20 世纪 30 年代初的亏损，以及我的祖父在相对较早的年龄就退休了，以今天的

---

[1] M. Sampter & Sons 公司的历史很有启发性。在 1853 年发明缝纫机之前，一个家庭的服装通常是由家庭主妇或当地女裁缝根据穿衣者的个人身材手工制作的。缝纫机的发明极大地降低了制作服装的成本。缝纫机发明之后，生产大量服装以满足预期的订单，比生产一件服装以满足手头的订单更经济，即使一些大规模生产的产品后来由于消费者缺乏对其尺寸或款式的需求而不得不降价或被丢弃。1860 年，迈克尔·桑普特成立了他的"成衣"服装公司，以利用已经发生变化的经济状况。M. Sampter & Sons 公司在成立后的前几十年里一直很繁荣。先驱者最初倾向于发展经验和声誉，从而在新的竞争中获得优势。然而，到了 20 世纪初，服装的制造已经变得像商品一样，竞争非常激烈，利润也大大降低。因此，M. Sampter & Sons 公司陷入困境。产品和制造过程的商品化是非常普遍的。据说，所有产品最终都会变成烤面包机。

标准来看，他从未变得富有过。

在我母亲的家族中，我的曾祖父塞缪尔·"博斯"·戴维斯（Samuel "Boss" Davis）创立了一家雪茄公司，到20世纪初，据博斯的一则讣告称，这家公司已经成为"全国最著名、最繁荣的雪茄制造企业之一"。当博斯患上糖尿病后，他以100万美元的价格将塞缪尔·I. 戴维斯公司卖给了美国烟草公司，这在当时是一大笔钱。1918年博斯去世后（在20世纪20年代出现纯化胰岛素之前，糖尿病几乎是致命的），我的曾祖母伊丽莎白·"碧姬"·阿伯特·戴维斯（Elizabeth "Biggie" Abohbot Davis）继承了100万美元和其他大量资产。碧姬把大部分财产投资在抵押贷款和固定收益债券上，在接下来的36年里，她把很大一部分财产花在了奢侈品上，包括维护一套可以俯瞰纽约中央公园的大公寓。当我还是个小孩子的时候，会经常去公寓。直到今天，我还记得，宽敞的门厅里种了几十盆大型盆栽，并蔓延到相邻的房间里。要进入大客厅，必须穿过一片森林。一个仆人每天要花很大一部分时间来照料这些植物。碧姬奢侈的生活方式对后代的财富来说是不幸的。1954年，碧姬去世，她剩余的财产被征收了遗产税，之后被分给了她的三个女儿，其中三分之一归属于我的祖母利奥诺拉·"伦尼"·戴维斯·路易丝（Leonora "Lennie" Davis Lewis）。不幸的是，伦尼的丈夫年纪轻轻就得了多发性硬化，因此无法工作。伦尼虽然有足够的收入过舒适的生活，并且能送我的母亲上私立学校，但伦尼的大部分财产都损失在糟糕的固定收益投资策略、挥霍无度的消费、支付高额税金和疾病上了。

在我成长的20世纪四五十年代，我父母的收入包括我父亲微薄的工资和一些来自家庭信托的股息和利息收入。我的父母有能力住在纽约州新罗谢尔的一个不错的社区，并能负担一些奢侈品，但我知道他们的生活预算很紧。他们绝对没有接近富裕的程度。我还意识到，这个家庭曾经有相当多的财富，而这些财富已经失去了。我相信，正是这些认知促使我在生活中努力工作，以取得财务上的成功。如果我在一个由仆人服务的豪宅里长大，我还会如此努力工作吗？可能不会，我对那些富裕家庭的观察支持了我的这个结论。

我强烈希望在这本书中增加一段关于价值观的内容。我的父母和祖父母都是伦理文化协会（一个传授道德和伦理的准宗教）所传授的伦理和价值观的追随者。我的母亲从幼儿园到十二年级都在菲尔德斯顿文理学校就读。某些价值观在我父母和祖父母的性格和行为中根深蒂固——在我哥哥和我身上也一样。我们被教导，钱应该被当作取得成就的机会使用，而不是虚荣的机会。我们受到的教育是，一个人应该非常关心他人的幸福，而不应该在自己身上花太多钱。考虑到这些价值观，现在许多超级成功的新富投资专业人士的炫耀性消费让我感到不快。我说得足够多了。

3. 教育

我很幸运，因为在严格的学校和高要求的公司里，我的大脑不断地受到锻炼。在麻省理工学院读了两年本科后，我决定不从事科学相关的职业，于是转到了威廉姆斯学院。从威廉姆斯学院毕业后，在哈佛商学院的建议下，我接受了IBM的工作。在那里我不得不迅速学习了足够多的会计和商业知识，以参与销售和安装大型计算机系统。接着我去了哈佛商学院。在那里，我每天接触3个商业案例，每周有6天都是如此，这样的学习生活持续了两个学年。从哈佛商学院毕业后，我在高盛集团担任证券分析师，每日工作时间很长。在高盛集团工作了3年后，我接受了一份中央国家戈特斯曼公司（以下简称CN-G）的工作。该公司由我妻子的家族拥有。

CN-G是一家全球性营销商和经销商，涉及几乎所有等级的纸张和纸浆。

20世纪20年代，CN-G开始将其一些多余的现金流投资于股票市场——到20世纪50年代，公司成立了一个由亚瑟·罗斯（Arthur Ross）领导的投资管理部门。亚瑟·罗斯喜欢被称为罗斯先生，因为他是一个非常守旧的人，也是一个非常成功的投资者和特别苛刻的老板。我加入CN-G后不久，罗斯先生把我叫到他的办公室："艾德加，你坐在办公桌前是学不到什么的。你需要进入公司的董事会。你需要进入公司的董事会。"（每当罗斯先生想强调一个观点时，他至少要重复2次，有时甚至3次。）嗯，我当时大约30岁，留着平头，看起来大约21岁。任何规模和质量的公司都不会想要一个相对没有经验的30岁人士加入其董事会。格劳乔·马克斯（Groucho Marx）曾经说过："我拒绝加入任何可以接受我成为其会员的俱乐部。"我应该采取这样的立场，即如果有一家公司可以接受我成为其董事会成员，我反而要拒绝加入。

经过一番劝说，有3家公司邀请我加入了他们的董事会。每家公司都很小，实力不强，还有严重的问题。其中一家是位于俄勒冈州波特兰市的小型连锁杂货店。在我参加的第一次董事会会议开始时，我受到了董事长和其他董事的热烈欢迎。然后，随着会议的进行，我很快得出结论：公司的盈利前景很糟糕，公司的内部会计控制几乎完全不存在，因此董事会需要每月而不是每季度召开一次会议。我没有时间每月飞到俄勒冈州参加会议，因此，我应该迅速从董事会辞职——我也确实这样做了。唉，我在公司担任董事的时间总共只有1小时48分钟。也许格劳乔·马克斯是对的。后来我进入了一家铅冶炼公司的董事会，但几年后也辞职了，因为管理层不断拖延安装适当的设备以消除冶炼厂排放的有毒铅尘，这种做法与我的道德文化背景相悖。

最后，我进入了美国圣戈班集团的董事会，这是一家玻璃制造商，刚刚完成了一个全新的平板玻璃厂的建设，但这家厂很快就被新的、效率更高的皮尔金顿浮法玻璃生产方式所淘汰。美国圣戈班集团的新平板玻璃厂就像一个全新的水磨——当时美国制造商正开始拆除水磨而采用蒸汽机。美国圣戈班集团不得不努力将其新工厂的生产技术转换为采用皮尔金顿的技术，从而不至于破产。

因此，我在30岁时担任3家边缘企业董事的经历，是一种烈火般的考验。然而，罗斯先生是正确的。在边缘或次边缘的上市公司担任董事是一段宝贵的教育经历。它确实使我成为一个更好的投资者。所以感谢你，罗斯先生。

当亚瑟·罗斯在1979年退休时，我开始负责CN-G的投资管理部门，并成为母公司的董事。该公司是由我的妻弟经营的。8年后，我的妻弟和我认为，造纸和投资是两种不同的业务，所以最好应该相互分离。于是我成为投资业务的所有者，并将其更名为格林黑文。在接下来的3年里，我只为戈特斯曼和瓦肯海姆家族管理资金。但后来也为一些非家族成员和一些非营利组织管理资金。

4. 分析能力

我一生都在为自己的语言表达能力而挣扎，但我拥有解决复杂的数学、科学和逻辑问题的天赋。我相信，这种技能是我DNA的一部分，并在我持续接受的严格教育中得到了加强。

然而，在我的科学背景中，有一部分我并不感到自豪。高中的时候，我被要求参加英特尔科学奖的角逐。参赛者必须参加考试，然后提交一个原创的研究项目。作为新罗谢尔高中冰球校队的一名17岁成员，我不成熟且不切实际的抱负是成为一名国家冰球联盟的冰球明星，而不是一名科学家。几乎在冬天的每天下午，当池塘充分结冰时，我都会开车到附近的池塘打一场冰球。在这个过程中，我经常会翘掉一两节或三四节课。我是一个冰球运动员，而不是一个崭露头角的科学家。我既没有时间也没有兴趣把下午的时间花在一个室内实验室中，为一些"愚蠢"的研究项目做实验。英特尔科学奖在我看来绝对是一个优先级很低的事项。但我找到了一种鱼和熊掌兼得的方法。

我采用了一个便捷的主题，即吸入臭氧会提高运动员的成绩。我哥哥和我有一个来自莱昂内尔电动玩具火车组的旧变压器。通过将连接在变压器两个端子之一上的电线与连接在另一个端子上的电线交叉，就可以产生火花。我曾读到，火花会将空气中的一些氧气转化为臭氧。我从学校的化学实验室借了10支试管和10个软木塞。某一天，我从学校赶回家，在每支试管内都交叉了变压器的电线，在拔掉电线后迅速将每支试管用软木塞塞住。然后我拿起我的冰鞋和秒表。到了拉奇蒙特水库，我穿好冰鞋，然后把两根棍子放在相距约180米的冰上。我把秒表交给一个朋友，并指示他（我信赖的研究助理）在我说"开始"的时候开始计时，在我说"停"的时候停止计时。然后，我打开两个试管的塞子，把每个试管的开口端放在我的鼻孔里。幸运的是，除了我的朋友，没有人看到我这样做。否则，他们会把我送进精神病院，甚至更糟。我吸入两个试管中的臭氧后，滑到起跑杆前，说"开始"，然后以最快的速度滑到终点。到达终点后，我说"停"。我又重复了4次这个过程。然后，在没有臭氧以及没有足够休息的情况下，我又滑了5次。这就是我的对照实验。瞧，我在吸入臭氧后滑行的速度比随后的5次对照组要快。我已经毫无疑问地证明了（但其他人没有），臭氧可以提高运动员的成绩。一个充满诱惑力的想法在我的脑海中闪现。

也许我会赢得英特尔科学奖的第一名。也许我会成为史上最年轻的诺贝尔化学奖得主。我似乎看到了《纽约时报》（*New York Times*）的头条新闻，"17岁的艾德加·瓦肯海姆三世（Edgar Wachenheim III），纽约游骑兵队（一只职业冰球队）的明星新秀中锋，被授予1955年诺贝尔化学奖，以表彰他在使用臭氧提高运动员成绩方面的开创性工作"。

当然，在现实中，我的研究项目可能是英特尔科学奖的整个漫长历史中最差的，我的化学老师在我把它提交给赛方之前就断然拒绝了它。"瓦肯海姆，"老师批评道，"你有没有想过，疲劳可能是你后5次滑得较慢的原因之一？"老师继续说道："你有没有想过，变压器释放的少量电流完全不足以将氧气转化为臭氧？雷暴是可以的，但莱昂内尔玩具的变压器不可以。瓦肯海姆，我希望你打冰球比你做科学实验要好。"回归现实后，我不仅没有在英特尔科学奖的评选中获得任何奖项，甚至也没有入选1955年韦斯特切斯特县高中全明星冰球队。诺贝尔奖的梦到此为止。加入国家冰球联盟的梦到此为止。梦想败给了现实。但是，对青少年来说，沉溺于有关辉煌未来的梦想远比毫无抱负和激情地度过青春要好得多。

5. 信心

因为我是一个数学和科学领域的好学生（尽管有在英特尔科学奖上的愚蠢行为），在成绩和能力方面都不断测试出高分，我逐渐对自己天生的分析能力产生了信心。这种信心在哈佛商学院得到了加强——在我学习的第一年后我被选为"贝克学者"。第一年的"贝克学者"是指那些平均成绩在班级中名列前2%的学生。

当我开始负责管理股票投资组合时，我拥有这样一份信心，即我已经具备了成为一名成功投资者所需的技能组合。重要的是，这种信心使我有能力成为一个逆向思维者，并做出与主流观点相反的决定。

然而，我意识到，投资的成功可能会滋生过度自信，以及由此产生的对风险的不切实际的低估。幸运的是，我在生活中已经犯了足够多的错误，所以没有变得过于自信的风险。在我看来，一个好的投资者需要在自信和谦虚之间取得适当的平衡。

6. 务实的目标和野心

罗马哲学家和政治家卢修斯·阿奈乌斯·塞内卡（Lucius Annaeus Seneca）曾经说过，"如果一个人不知道自己要驶向哪个港口，那么任何风向都毫无助益"。我认为投资者应该制定明智和现实的目标。我的目标是在不承担有关永久性损失的巨大风险的情况下，在长期内实现年均15%~20%的回报。

我想强调的是"长期"。大多数对冲基金、共同基金和其他投资者都面临着在短期内取得有利的结果，以此来取悦他们的客户的压力。这些投资者中的许多人会避开（甚至卖掉）短期内潜力不确定的股票，即使该股票从长期来看是一笔优秀的投资。我们对短期结果不感兴趣，因此可以奢侈地将我们的研究和购买集中在竞争更少的股票上。这些股票短期内升值的希望较小，却有令人振奋的长期潜力。这给我们带来了一个竞争优势。

我注意到，实现相对较低的波动性并不是我的目标之一。然而，由于我倾向于购买资产负债表强劲、价值却被低估的高质量公司的证券，多年来，我们的投资组合所经历的波动比整个股票市场要小。较低的波动性是结果，而不是目标。

7. 控制情绪

多年来，我已经学会了控制自己的情绪，尤其是当我们的一些或所有股票的价格急剧下跌时。我相信这种控制能力部分是由于经验（我已经经历了如此多的熊市，已经习惯了），部分是刻在DNA里的天赋。我只是发现，在压力时期，我能够保持一个相对冷静的头脑，继续理性地思考和行动。

8. 乐趣

我喜欢研究公司，我喜欢产生创造性想法的快感，我喜欢赚钱。在大多数早晨，来到办公室是很有趣的。我相信所有这些都使我成为更好的投资者。

. . .

以下是我的人生经历，可能有助于读者理解我的投资生涯。

1937年：出生在纽约市。

1955年：高中毕业，进入麻省理工学院学习。

1957年：转学到威廉姆斯学院。

1959年：从威廉姆斯学院毕业后到IBM工作。

1962年：与苏·安·瓦拉赫（Sue Ann Wallach）结婚；我们一共有四个孩子，第一个孩子在结婚一年后出生。

1964年：入读哈佛商学院。

1966年：从哈佛商学院毕业，开始为高盛集团工作。

1969年：接受CN-G的邀请，去那里工作。该公司是一家造纸和投资管理公司，由我妻子的家族拥有（我妻子的母亲是戈特斯曼家族的成员）。

1979年：成为CN-G的首席投资官。

1987年：将CN-G的投资管理业务剥离出来，成立了一家由我拥有的新公司格林黑文。该公司为我的家庭、我妻子的家庭和少数非家庭成员管理普通股的投资组合。

第 3 章

IBM

1914年，托马斯·沃森（Thomas Watson），国家收银机公司的明星推销员，被计算—制表—记录公司（以下简称CTR）聘请为总裁。CTR是在1911年成立的，生产机电设备。这种机电设备可以"读取"穿孔卡上孔的位置，并根据孔的位置进行计算和制表。机器第一次取代了笔，成为会计应用的工具。沃森是一名超级推销员和领导者。很快，CTR就成为世界范围内办公用制表机的领导者。1924年，沃森以无限的智慧，将计算—制表—记录公司更名为"国际商业机器公司"（以下简称IBM）。

IBM的穿孔卡设备取得了巨大的成功，到20世纪40年代，该公司成为世界上最主要的商用办公设备制造商。穿孔卡设备以全套服务租赁的方式出租给客户，除了设备本身，还包括设备维护和技术咨询。IBM强烈的财务动机是尽可能长时间地出租每一台设备。虽然设备在出租的前几年里可以为IBM赚取良好的利润，但如果它在完全折旧后继续出租，IBM的利润就会变得特别大。因此，IBM有动机推迟引进新的、更有效的、可以淘汰并取代现有出租设备的新型号。

几十年来，一些发明家生产了至少在某种程度上可以编程的机电机器。

这些机器被称为计算机。1944年8月7日，IBM的第一台计算机被交付给哈佛大学，供美国海军舰艇局使用。IBM把这台计算机称为"全自动化循序控制计算机"。但哈佛大学简单而明智地称它为"马克1号"。在接下来的7年里，IBM几乎没有动力为商业市场推出可编程的机器。毕竟，它不希望淘汰其高利润的穿孔卡系列设备。然而，在1951年，雷明顿兰德公司交付了它的第一台通用自动计算机（以下简称UNIVAC），此时IBM终于看到了这个不祥之兆。IBM知道，如果它不推出自己的商业计算机系列，它的穿孔卡设备最终不是被UNIVAC所取代，就是被其他公司生产的计算机所取代。

1952年，IBM推出了701真空管计算机，这标志着比赛开始了。但这从来不是一场势均力敌的比赛，就像一只猎豹对一只树懒。IBM在研究、工程、营销和应用方面有着巨大优势。此外，计算机用户对IBM感到放心。计算机是新出现的，并且是复杂的，安装计算机的公司需要依赖计算机制造商的技术和应用专长。IBM是一家备受尊重的知名企业。如果一家公司的高管选择了IBM系统，而安装过程出现了问题，他可以把问题归咎于IBM。然而，如果他选择了一台非IBM生产的计算机，而安装过程出现了问题，他的老板可能会责备他选择了一家二流或者三流的计算机公司，而这位高管的职业生涯也可能会因此处于危险之中。因此，绝大多数高管谨慎行事，坚持选择IBM。雷明顿兰德公司、通用电气、美国无线电公司、霍尼韦尔和巴勒斯公司往往可以提供更具成本效益的计算机，但最后通常是IBM收到订单。1964年，在IBM推出其技术先进的System/360系列兼容计算机后，情况尤其如此。360系列计算机高效、可靠、用户友好，并且是IBM的品牌。IBM拥有了一个王牌产品。

System/360使IBM成为有史以来最成功的公司之一。从1964年到1974年，公司的收入以年均14.6%的增速，从32.3亿美元增长到126.7亿美元。净收益增长更快，以17.5%的增速，从3.64亿美元增长到18.3亿美元。在此期间，IBM的市场份额接近80%。竞争者无法竞争，有一些退出了。1970年，通用电气将其计算机业务出售给霍尼韦尔。一年后，美国无线电公司将其计算机业务卖给了斯佩里兰德公司。

1972年，英特尔开发了其第一款微处理器4004，为IBM的最终衰落埋下了伏笔。微处理器将计算机复杂的内部运作功能整合在一个集成电路上，或者至多整合在几个集成电路上。第一批微处理器还不足以强大到挑战IBM的System/360s和其他大型计算机的生存力。然而，英特尔联合创始人戈登·摩尔（Gordon Moore）曾有一个著名的预言，"芯片中的晶体管数量将大约每24个月就会翻一番"。戈登·摩尔也证明了该预言的正确性。到20世纪70年代末，微处理器已经足够强大，以至于相对便宜的台式机开始取代昂贵的大型机。1977年，苹果公司推出了第一台成功的台式（个人）计算机，苹果Ⅱ。苹果Ⅱ大获成功，最终售出了125万台。IBM注意到了这一成功，也注意到微处理器技术的发展如此迅速，以至于IBM的大型机业务（该公司大部分利润的来源）处于被淘汰的危险之中。IBM不得不做出反应。1981年，IBM推出了IBM个人计算机，以取代其不受欢迎的5200型台式计算机。IBM个人计算机以IBM的卓越声誉为后盾，一炮打响，并推高了IBM在80年代初的销售和利润。

其他事件也提高了IBM在80年代初报告的利润。1980年，约翰·奥佩尔（John Opel）成为公司的首席执行官［托马斯·沃森于1956年退休，小托马斯·沃森（Tom Watson Jr.）因心脏病发作于1971年退休］。奥佩尔对IBM的租赁政策感到担忧，即客户可以在提前30天通知的情况下将计算机退回给IBM。他最担心的是，使用先进微处理器技术的竞争者将开始销售比IBM的大型机更有成本效益的计算机。然后，IBM大型机的客户将取消他们的租赁，从而导致IBM的利润大幅下降，并积压大量新生产的，但技术上已经过时的计算机库存。针对这些问题，奥佩尔改变了IBM的定价政策，提出通过大幅折扣出售二手大型机。这种低廉的价格鼓励了客户购买他们所租赁的大型机。通过这种做法，IBM立即获得了收入（二手计算机的销售价格）和利润（如果计算机继续出租，这些利润将在以后几年获得）。因此，只要客户将租赁转为购买，IBM报告的收入和利润就会被人为地夸大。之后，当转换的速度放缓时，IBM改变了它的新租约条款。修改后的条款允许该公司将租约作为全额支付的租约。在全额支付的租约中，大部分预期的收入和利润可以在计算机交付给客户时就计入。以前，收入和利润是在租赁期间计入的。

引入个人计算机、将租赁转为销售以及使用新的租赁相关会计方法，使IBM的收入和收益在1980年至1985年期间大幅增长。在这5年里，IBM的收入以年均13.8%的增速，从262.1亿美元增长到500.5亿美元。净利润以年均14.1%的增速，从33.9亿美元增长到65.5亿美元。有很多事情值得IBM的股东们感谢。IBM的股票价格经随后的股票分割调整后，从1979年底的16.09美元上涨到1985年底的38.88美元。

然而，一切其实并不顺利。甚至可以说一点都不好。当IBM开发其个人计算机系列时，采用了英特尔的芯片技术和微软公司的MS-DOS操作系统。这是一种取巧。然而，因为其他个人计算机制造商也可以平等地使用英特尔的芯片和微软公司的操作系统，IBM失去了实现显著产品差异化的机会，个人计算机迅速成为基于价格销售的商品。随着时间的推移，戴尔公司、康柏公司和其他成本结构比IBM低的个人计算机制造商有望打败IBM。

IBM也面临着其他问题。计算机的能力正在迅速提高，而且价格越来越低。摩尔定律正在发挥作用。到20世纪80年代中期，个人计算机可以完成许多以前由大型机完成的工作。此外，数字设备公司的VAX微型计算机系列也在从IBM的大型机那里夺取市场份额。另外，虽然在20世纪60年代，公司倚重IBM的技术专长和声誉，但到了20世纪80年代中期，许多公司拥有了足够的内部专业知识和经验，这使得它们不再需要依赖IBM。在20世纪60年代，IBM还拥有定价权，但到了80年代中期，该公司往往不得不以具有竞争力的价格来赢得订单。

当相对无差异的产品基于其价格进行销售时，产品制造商如果希望拥有竞争力并获得合理的利润，通常需要有较低的成本结构。不幸的是，IBM的成本结构很高——甚至可以说是非常高，这在很大程度上取决于历史原因。在20世纪60年代，IBM需要大量的销售人员和技术顾问来销售和安装大型机。它还需要大量的维护工程师来维护和修理它的大型机——这些大型机的稳定性不如20年后生产的计算机。到了20世纪80年代中期，IBM的销售经理、销售员、应用程序员、技术顾问和维护工程师中的很大一部分都是多余的。但是，IBM坚持了一项政策，即只要不是不称职的或不诚实的，就不解雇任何员工。许多多余的员工被"提拔"到公司总部，从事竞争分析、销售预测、质量控制、房地产管理、公司关系、投资者关系、社区关系和经济预测等不太重要或根本不重要的工作。简而言之，在IBM的成本结构过于臃肿之际，该公司的收入和毛利率正受到计算机业务的系统性不利技术变革的挑战。

20世纪80年代末，IBM的收入继续增加，但远远没有达到公司早期的预期。1984年，约翰·奥佩尔预言该公司的收入将在1990年达到1000亿美元，而1990年的实际收入为690亿美元。且收益情况远不如收入情况。1990年的税后收益为60.2亿美元，比1985年的水平低8%。而IBM的股价表现甚至比收益还要差得多。从1985年的最后一个交易日到1990年的最后一个交易日，股价下降了27%。

约翰·艾克斯（John Akers）于1985年2月1日接替约翰·奥佩尔，成为IBM的首席执行官。当时的情况是，IBM拥有超过40万名员工，人员结构显得十分臃肿。1985年，我被IBM的财务主管乔恩·罗滕施特赖希（Jon Rotenstreich）邀请到公司位于纽约州阿蒙克的总部共进午餐。乔恩是我的一个朋友，他以前曾是所罗门兄弟公司的董事总经理。我们在公司的中央餐厅吃了午餐。乔恩环顾了一下餐厅，指出一个又一个每天早上来到办公室，但基本上没有什么工作要做的员工。"看到那边那个打着绿色领带的家伙了吗？他曾经是一个区域销售经理，现在他是一个社区关系专家。他大约10点来到办公室，然后喝一杯咖啡。他负责IBM与阿蒙克村的关系，因此对他来说，阅读阿蒙克当地的周报并收看阿蒙克当地的电视新闻是非常重要的。除了两个小时的午餐时间和三四次额外的喝咖啡休息时间外，这需要花费他一天的时间。明白了吗？"我明白了。乔恩强烈希望约翰·艾克斯放弃IBM的终身雇佣政策，这样就可以大幅减少IBM的工资支出和其他成本。

艾克斯成立了几个工作组来研究IBM及其未来情况。这些工作组的调查结果令人担忧。它们的结论是，IBM正处于一种衰退状态。在审查了这些调查结果后，艾克斯启动了一系列提前退休计划，为愿意离开公司的员工提供大量遣散费。当然，许多最有能力的员工——那些能够迅速找到其他工作的人——都接受了这个方案。因此，IBM失去了大量的人才，并保留了大量"枯木"（工作中的逆向选择）。此外，尽管有提前退休计划，IBM的员工人数也仅仅是从1985年底的40.5万人下降到了1990年底的37.4万人。在这期间，IBM的基本面恶化速度比它的雇员结构恶化速度还要快。到1990年，一个计算机用户花费大约10万美元就可以购买一台工作站，其性能相当于几年前售价为几百万美元的大型机。IBM在1991年遭受了巨大的经营亏损。此后，艾克斯不得不采取行动，即增加退休计划的规模。1991年底，IBM的员工人数下降到344000名，1992年底下降到302000名。然而，IBM仍然有太多的员工，他们士气低落，并且公司继续亏损。

1985年，我在与乔恩·罗滕施特赖希共进午餐后，开始对认真思考IBM的股票这件事感兴趣。我最初的分析是直截了当的。IBM不再是一家具有竞争优势，从而产生高利润率的成长型公司。因此，它不再配得上以高市盈率（PE）出售。然而，如果该公司能够通过大幅减少员工人数和出售多余的工厂和办公楼来获得成本竞争力，就会成为强大的、能获得合理收入回报的大公司。此外，该公司将不必花费大笔资金来建造新的工厂，因此，其未来收益的很大一部分将可用于分红或股票回购。

当我对研究一家公司感兴趣时，有时会迅速购买几股该公司的股票。所有权激励我以更高的强度来研究该公司。在1989年至1992年期间，我曾两次购买了IBM的一些股票，但每次都卖掉了，因为我相信IBM的问题在开始改善之前就可能会进一步恶化。与约翰·艾克斯于他的办公室见面后，我立刻卖掉了手中的股票——这是我第二次卖出IBM的股票。传奇投资者迈克尔·斯坦哈特（Mike Steinhardt）也拥有IBM的股票。迈克尔知道我同样拥有IBM的股票，他邀请我加入他与艾克斯安排的一次会议。我仅用了一秒钟就答应了这个邀请。

然而，这次会议的结果是混乱的，因为迈克尔和我对IBM感兴趣的原因完全不同。迈克尔注意到，该公司在日本有一个利润非常丰厚且发展迅速的子公司。1991年，日本的公司仍然以高市盈率出售其股票。迈克尔希望IBM将其日本子公司分拆给其股东。他的理由是，仅日本子公司的价值就能达到IBM现有的市场价值中很大的比例。这两部分（IBM日本子公司和IBM除日本子公司之外的部分）加总后的市场价值将远远超过IBM的现有股价。我怀疑将IBM分拆成两个独立公司的可行性。相反，我向艾克斯提出了以下问题：为什么IBM不更积极地削减成本？前一分钟，迈克尔还在问日本的情况，而下一分钟我就提出成本问题了。接着，迈克尔想到了将日本子公司剥离出去，而我又想到了清除"枯木"员工，而不是刺激最有能力的人离开IBM的方案。我们双方来回讨论了整整一个小时。艾克斯说得再客气不过了，但我很清楚，他既不打算更积极地削减成本，也不打算分拆日本子公司。

IBM当时表现不佳。艾克斯在压力之下，于1993年初宣布辞职。郭士纳（Lou Gerstner）是他的继任者。在郭士纳就任当天，IBM召开了一次新闻发布会。郭士纳穿着一件很不符合IBM风格的蓝色衬衫，告诉在场的记者，他有勇气采取强硬措施。这正是我想听到的。我决定认真考虑对IBM的股票进行大笔投资。

我的分析大致如下。我估计该公司的员工比实际需要的多了大约60000名。一个普通员工的报酬（工资和福利）总计约为85000美元。因此，我得出结论，郭士纳可能能够减少50亿美元的成本。按32%的有效税率纳税后，成本削减将增加约34亿美元的净利润。如果按22.9亿的IBM流通股数量计算，每股约为1.5美元。在扣除非经常性费用之前，IBM当时基本上实现了收支平衡。因此，在假设减少50亿美元成本的前提下，我估计该公司目前的每股收益约为1.5美元。我进一步假设该公司的收入将以5%的速度增长，因此，IBM在1995年的每股收益可能约为每股1.65美元。当我们购买股票时，我们感兴趣的是该公司在两三年后的价值，所以1.65美元是一个重要的数字。

为了检查我所估计的收益是否合理，我经常喜欢在预测收益时使用两种不同的方法，然后看看这两种方法是否得出类似的结论。在IBM的案例中，我决定也使用以下的思考过程（第二种方法）。该公司的营收在1993年预计约为630亿美元。假设有5%的增长率，那么1995年的收入约为690亿美元。根据经验，我估计一个高效的计算机制造商在竞争激烈的环境中能获得5%~6%的税后利润率。这样来看，IBM在1995年的税后收益将是35亿至41亿美元，或每股（收益）1.5至1.8美元。

　　我决定用1.65美元作为对IBM 1995年每股收益的一个最佳估值。最后，为了对股票进行估值，我给1.65美元的每股收益指定了一个倍数。我认为，IBM的质量和增长潜力略低于平均水平。我相信一家普通公司的价值是其每股收益的15至16倍，因此我对IBM的估值是其每股盈利的12至13倍。据此，我估计，IBM在1995年的股票价值将是20至21美元。我知道，我对IBM的收益和价值的预测只不过是基于不完整信息的最佳猜测。然而，有了这些预测，总比没有任何预测要好。我的经验是，在我们的收益和估值预测中，有很大一部分最终实现了，尽管我们常常在时间上相隔甚远。这令人惊讶。

　　在我于1993年5月完成分析时，IBM的股票售价为12美元。在接下来的两个月里，我购买了大量该公司股票，平均成本约为11.5美元。我们通常购买股票是因为相信一个或多个积极的变化将引发股票价格的大幅升值。在这种情况下，我们希望IBM将宣布一项明确的计划，以大幅降低其成本。

　　7月28日，郭士纳宣布了一项计划——在年底前将员工人数减少到225000人。也就是说，大约85000名员工（即略多于现有员工人数的25%）将在年底前离开。裁员计划宣布的几个月后，郭士纳和他的成本削减计划开始在华尔街获得信任。11月，IBM的股票开始升值。到1994年8月，该股的价格约为15.5美元。那时，华尔街的普遍看法是，郭士纳的成本削减计划取得了成功。这就表示该公司的每股收益在1994年将是1.25美元，并在1995年大幅增加。

　　我的策略是在预测公司将出现积极变化时买入其股票，然后在通常情况下，当变化已经发生并在很大程度上反映在股票价格上时，我会卖出该公司股票。在IBM的案例中，这种变化已经发生，投资者的情绪基本上已经转向积极。当我们以大约11.5美元的价格购买该股时，市场情绪明显是负面的。由于市场情绪的变化，我决定卖出我们的头寸，在接下来的几个月里，我们以平均略高于16美元的价格完成了这一交易。我们在股票上赚了40%的利润。

是的，我曾估计该股在1995年可能价值20至21美元，但一鸟在手胜过双鸟在林——我很高兴能实现40%的利润。

事实证明，出售股票是一个大的错误，因为我的分析不完整。1994年及随后几年，IBM产生了大量多余的现金。虽然一小部分现金被用于收购，但最大的一部分被用于回购股票。1995年，IBM的平均股票数量经稀释后下降了1.7%，1996年下降了8.5%，1997年又下降了7.4%。因此，IBM每股收益的增长远远快于其净利润的增长。我没有考虑到回购的问题。此外，我估计该公司的税后利润率应该在5%到6%之间，这被证明过于保守。1996年，IBM的税后利润率为7%，当年的每股收益有望达到2.50美元左右。

在1995年末和1996年初，我硬着头皮重仓了IBM的股票，平均成本约为24.5美元。我的理由是，股票回购和利润率提高的结合，将带来高于华尔街普遍预期的每股收益。

虽然我在1994年以大约16美元的价格出售该股票是非常错误的，但我在15个月后再次买入是非常正确的。IBM在1996年的每股收益是2.51美元，1997年的每股收益是3.01美元，随着收益的改善，股价大幅上涨。1997年底，我以平均48美元的价格出售了这些股票。这一次，我的时机也远远称不上完美。1999年年中，该公司的股价在60美元以上。

这些年来，我认识到，如果我们做得足够正确，并避免了巨大的永久性损失，那么我们可以在股市中表现良好，但不可能把几乎所有事情都做对。人孰能无过，我也犯过很多错误。我在1993年以16美元卖出IBM股票的判断是一个代价高昂的错误。我尽量不为错误而烦恼。如果我真的烦恼了，投资过程就不会那么愉快，压力也会更大。在我看来，投资者在放松和开心的时候表现最好。

在我们出售IBM的股票后，我继续关注着它。该公司仍在努力成长。从

1998年到2013年的15年间，IBM的收入仅以1.3%的复合年均增长率（CAGR）增长，从817亿美元增长到998亿美元。IBM曾经是世界上最受尊敬的成长型公司之一，现在它是一家成熟但增长缓慢的公司，销售商品化的产品和服务。

沃伦·巴菲特（Warren Buffett）在伯克希尔·哈撒韦公司的1998年年度报告中写道，当伯克希尔拥有一家出色企业的股票时，"我们最喜欢的持股期限是永远"。我非常崇拜沃伦·巴菲特。他是有史以来最伟大的投资者之一。但我坚决不同意大多数优秀企业的股票可以永远持有，因为大多数优秀企业随着时间的推移会变得不那么优秀——许多最终会陷入困境。IBM就是大多数股票不能永远持有的一个例子。柯达公司是另一个例子。可口可乐公司——伯克希尔·哈撒韦公司最大的持股公司之一，是第3个例子。在2003年至2013年的10年间，可口可乐的收入和每股收益的复合年均增长率分别为8.3%和7.1%，而其股价的复合年均增长率仅为4.9%。可口可乐曾经是一家发展迅速的公司。最近，它的市场似乎已经成熟。格林黑文力求实现15%至20%的年回报率。但持续持有一家年增长率为7%至8%的公司的股票，几乎不可能获得接近15%的回报率。如果我的投资组合里都是我永远不会卖掉的优秀公司，我的工作就会轻松得多。但我们的野心导致我们去寻找那些暂时被严重低估的股票，然后在它们被完全估值时卖掉。这是一种不那么轻松的投资方式，需要大量的努力和时间，但对我们来说很有效。

因此，成为一名成功的价值投资者是很费时的。总有另一家公司可以研究，总有另一份期刊可以阅读。有时有人问我是如何分配时间的，投资经理到底是做什么的。我知道其他经理的时间安排可能和我很不一样，下面是一个我可能如何度过一个典型工作日的例子。这个例子具有代表性，但不完全与事实一模一样。我早上5点左右醒来，在刮胡子、锻炼身体、洗澡和穿好衣服后，穿过走廊来到配有彭博终端的家庭办公室。在这个早晨，我一天的第一件事就是在彭博上搜索一般商业新闻和世界新闻。然后，我回顾了前一天晚上制作的联邦快递的预期收益模型。晚上九点半左右完成模型的时候，我已经很累了，我向自己保证，晚上睡个好觉后，我会重新看看模型。在重新思考了模型中的一些假设和估计之后，我做了一些无关紧要的更改，并打印了一份副本。然后我写了一页备忘录，解释了这个模型，并总结了我关于该股票价值的结论。校对完备忘录后，我收拾好公文包，端上一碗麦片，前往格林黑文在纽约市珀切斯的办公室，那里距离我们在拉伊的家大约有15分钟的路程。

早上7点刚过，我到达我们的办公室，把关于联邦快递的备忘录和模型交给我的助手，让他分发给格林黑文的3位证券分析师［我的儿子克里斯（Chris）、乔什·桑德布尔特（Josh Sandbulte）和我］和公司的交易员。我希望让我的同事们充分了解我的想法。我将把我的副本保存在附近的一个文件夹中，以便将来在公司工作时可以参考。

然后我注意到我们的交易员伊莱在我桌上放了一些新闻稿和股票经纪人的报告。伊莱通常在早上6点半左右到达办公室，并立即在彭博上搜索我们可能感兴趣的任何新闻或华尔街报道。他把新闻和分析师的报告打印出来分发给克里斯、乔什和我。我浏览这些纸质新闻，寻找任何相关的新消息或想法。一般是没有，偶尔有一些。但我对华尔街分析师的意见很感兴趣，不是因为它们会直接影响投资决策，而是因为它们共同反映了有关一种证券的传统智慧，因此有助于我理解为什么一只证券会以这个价格卖出。

在浏览完新闻稿和分析师的报告后，我使用彭博上的一个功能来接收有关我们持股和预期持股的公司的最新消息。然后（通常在7点30分至7点45分），我与克里斯和乔什聚在一起讨论任何我们想讨论的事情，从我们正在做的事情，到新闻或想法，到当天建议的买入或卖出，到头脑风暴。有时候这个会议只有15分钟。但有时也可以持续一个小时或更长时间。在今天上午的会议中，我们对联邦快递进行了很长时间的讨论。几个季度以来，该公司的业绩都没达到我们的预期，但最近该公司的基本面有所改善。这种改善是否表明我们关于这家公司的观点开始得到印证了？会议结束时，克里斯提醒我，3M公司新任命的首席财务官尼克·冈杰斯特德（Nick Gangestad）将在11点给我们打电话。我告诉克里斯，我们应该在10点45分聚在一起，整理我们在电话中要问的问题。

现在快要到早上8点半了。我浏览了一份电脑打印文件，上面按百分比显示了我们大约150个账户中每个账户的持股情况。例如，玛丽·琼斯（Mary Jones）的账户是这样的：她账户当前价值的9.2%投资于联邦快递，8.2%投资于联合包裹，9.0%投资于劳氏，等等。我已经决定格林黑文的每个账户中联邦快递至少占9.5%的份额，我注意到我们的一些账户持有的联邦快递份额略低于9.5%。我告诉我们的交易员伊莱，把我们每个账户的联邦快递份额提高到9.5%，但前提是这个账户有足够的现金。伊莱可以用他的电脑来决定他要为每个账户购买多少联邦快递的股票。我们尽量做到自动化。购买相对少量的联邦快递股票将是我今天唯一的订单。因为我们倾向于持有股票2到5年，所以我们的交易通常很少，很多时候我们不买卖任何股票。

现在是早上8点45分。我感兴趣的是增持那些将受益于房地产市场预期好转的股票。我曾多次筛选市值超过50亿美元且似乎被低估的房地产相关公司，但都没有发现。今天，我将对市值在30亿至50亿美元的房地产相关公司进行筛选。由于我们管理着54亿美元的资产，我们通常需要关注市值超过50亿美元的公司，但我很难再找到一只有吸引力的且与房地产相关的股票——我会想尽一切办法来找到它。我使用彭博上的一个函数来识别符合我的行业和规模标准的公司。在简单考虑了屏幕上出现的几十个名字后，我写下了5

家可能值得分析的公司的股票代码。再次使用彭博，我拿出其中一家公司的10-K①表格，然后开始分析它的资产负债表，阅读它的业务活动描述。时间过得真快。现在是10点15分，我不再阅读与房地产相关的公司资料，而是拿出3M公司的档案。在与该公司的新任首席财务官交谈之前，我需要回顾一下我以前关于该公司的备忘录和笔记，并仔细、周到地准备一份对我们的分析最有帮助的问题清单，也是首席财务官可能会回答的。在与管理层交谈了几十年之后，我不断地提高自己在该问什么问题以及如何提问方面的技能。

10点45分，克里斯走进我的办公室。我们花了大约10分钟讨论我们将向3M首席财务官提出的问题。然后，在我们等待电话响的时候，我问伊莱我们的联邦快递订单进展如何。他回答说，我们只有54 000股的股票可以购买，订单在10点20分完成，但是股票价格比我们的平均购买价格上涨了0.1美元。不久，电话响了，是3M公司的首席财务官尼克·冈杰斯特德本人，而不是他的助手。有趣的是，我发现公司里最高级别的管理人员经常在没有助理帮助的情况下自己打电话和接电话，而较低级别的员工则倾向于使用助理来让自己显得更重要。在祝贺尼克升职后，我询问了他的背景，从他还是个孩子到他晋升为首席财务官。他在爱荷华州一个占地约520公顷的农场中长大，显然他的成长环境很健康，经常亲自干农活。然后我们花了至少45分钟讨论3M公司。我将关注点集中在似乎能决定公司两到三年后价值的最关键因素上。我问，发展中国家经济增长放缓是否会导致公司降低增长目标，或者公司在制定目标时是否已经预期到增长放缓？然后我问，高利润、快速增长的医疗保健部门能否保持30%以上的营业利润率？我还问，如果外国货币（尤其是欧元和日元）对美元贬值，公司是否计划提高在美国以外地区的价格？然后，我

---

① 10-K表格是每家上市公司每年向美国证券交易委员会（SEC）提交的文件。该文件包含有关公司业务和财务报表的详细信息。

们讨论了该公司的股票回购计划及其预计的养老金支出。最初，该公司预计其年度养老金支出将在2017年下降到接近于零，但克里斯了解到，用于计算养老金支出的精算表正在被修改，以反映美国人预期寿命的延长，这一改变将导致许多公司未来的养老金支出大大超过之前的预期。

电话结束后，克里斯和我回顾了我们所了解到的内容，然后一致认为我们饿了，该吃午饭了。克里斯、乔什和我经常在附近的餐馆吃午饭。今天，我们在当地的一家乡村俱乐部吃午饭，那里的菜品很好，服务也到位。克里斯和我把与尼克·冈杰斯特德的通话内容传达给了乔什，然后我们用午餐时间进行头脑风暴，讨论那些可能间接受益于房地产市场好转的行业和公司。我们没有提出任何有价值的想法。我们在头脑风暴时通常会被层出不穷的想法搞得晕头转向。但我们一年只需要少数几个好主意——这是我们一直在努力的方向。

我们在下午1点45分回到办公室。我的助理玛丽告诉我，纽约公共图书馆的首席投资官托德·科尔宾（Todd Corbin）在我外出时来过电话。我是该图书馆投资委员会的主席，该委员会负责11亿美元的捐赠基金，托德是图书馆的全职员工，他提出策略建议，推荐外部投资经理，并不断监督他们。在上次的委员会会议上，我提出了一个理论问题。如果股市攀升到过高的高度，图书馆应该做什么？图书馆是否应该对冲股票市场，或者要求一些投资经理出售他们在图书馆账户中持有的部分或全部股票？虽然我并没有预测股市会攀升到过高的水平，但我认为，如果我们现在就研究一下我们的选择，将是有益的，这样我们就能在未来市场从当前的水平大幅上涨时，为采取行动做好最佳准备。我给托德和每一位委员会成员布置了一项"家庭作业"，让他们思考我们的选择和策略。哈佛大学前校长尼尔·陆登庭（Neil Rudenstine）和阿默斯特学院前校长托尼·马克思（Tony Marx）都是该投资委员会的成员。

布置完"家庭作业"后，我咯咯笑着说："你知道吗，当我还是威廉姆斯学院的学生时，我对学院的校长非常敬畏——他就像神一样——我做梦也想不到有一天我会给哈佛大学的前校长和阿默斯特学院的前校长布置'家庭作业'。"

我和托德聊了大约一个小时。保护投资组合可能比预期的更加困难。在我们的股票中，只有一小部分是独立账户所持有的，而大部分都是在合并账户中。我们可以要求独立账户的经理筹集现金，但我们无法控制合并账户——并且我们也不希望从合并账户中提取资金，因为这些经理都很优秀，而且大多数人不再接受新账户。因此，如果我们动用了这些资金，一旦我们决定再次增加股票仓位，我们可能就无法再使用这些资金进行再投资。托德已经检查了购买标准普尔500指数看跌期权的可行性，但期权似乎太贵了。他还考虑了做空标准普尔500指数的情况，但要这么做，图书馆必须为任何未实现的损失提供现金作为抵押品。生活中很少有事情是容易的。托德说他会继续寻找想法。

我不介意和托德聊上一个小时。这些年来，我花了相当多的时间在非营利组织上。加入董事会和委员会是值得的，但担任委员会主席尤其值得，因为责任由你承担，因此，你被迫积极参与。这些年来，我担任了5个投资委员会、1个执行委员会、2个财务委员会、2个审计委员会、1个艺术策展委员会（在现代艺术博物馆）、2个资本活动和3个董事会的主席。在每一处，我学到的都比我给予的要多，而我所学到的使我成为一个更好的投资者。

和托德的电话结束了。现在大约是下午2点45分。我将继续分析这5家规模较小的房地产相关公司。我拒绝投资第一家，因为它似乎是生产无差别产品的高成本生产商。我也拒绝投资第二家和第三家，因为它们的资产负债表和现金流似乎不够强劲。现在是下午3点45分。我通常在3点45分到4点离开办公室。我检查了一下第二天的日程表，将3M公司的所有相关资料装进公文包，然后动身回拉伊。

4点到家，我看了看邮件，洗了个澡，换上舒适的衣服，然后回到我的家庭办公室。从4点45分到6点15分吃晚饭，我想着3M公司，想着我们和尼克·冈杰斯特德的谈话，然后开始修改关于这家公司的主要备忘录。晚饭后，我完成了备忘录的修改，然后更新了我的收益模型。我回顾了我们持有该公司股份的原因和我们对其的估值。我仍然很高兴我们拥有这些股份。现在已经接近晚上9点45分了。我累了，该睡觉了。

第4章

州际面包公司

1905年，18岁的拉尔夫·勒罗伊·纳夫齐格（Ralph Leroy Nafziger）开始在堪萨斯城中心一座教堂的地下室里烤面包。面包很好吃，卖得也很好。这一成功促使纳夫齐格开设并收购了许多真正的面包店。20年后，他把面包店卖给了竞争对手，但不久之后，他就用出售所得收购了一些其他的面包店，并于1930年将这些店合并成立了州际面包公司。在接下来的30年里，纳夫齐格又收购了15家面包店，将州际面包公司打造成美国最大的面包和点心蛋糕公司之一。

州际面包公司的业务包括分销、营销以及烘焙。面包的保质期相对较短。因此，它必须在烘烤后很快送到商店。为了实现这一目标，在20世纪80年代，州际面包公司运营着一支由3000多辆运输车组成的车队，将面包和其他烘焙产品运送到数万家超市、小型杂货店、便利店和餐馆中。属于卡车司机工会的司机们将新烘焙的产品放在货架上，并将不新鲜的产品移走。大部分不新鲜的面包通过该公司经营的450家旧货店以极低的价格出售。旧货店对公司来说是一个无利可图的存在，但却是必要的。

1985年秋天，我开始对州际面包公司产生兴趣。当时一位朋友提到，霍华德·伯科威茨（Howard Berkowitz）购买了该公司12%的流通股，成为该公司的董事会主席，并聘请了一位新的首席执行官，这位首席执行官确信自己可以大幅提高该公司的利润。我认识霍华德·伯科威茨，相信他是一位特别有经验且精明的投资者。霍华德在1967年是最早也是最成功的对冲基金之一——史范柏公司的创始合伙人。到20世纪80年代中期，霍华德离开了史范柏公司，并成立了一家新的对冲基金：HPB联合公司。在我看来，霍华德有上进心，有爱心，而且非常诚实。我的理由是，霍华德不会拿自己的钱和声誉在州际面包公司上冒险，除非他非常有信心他的投资会成功。这就是我对这家公司的股票感兴趣的原因。

我知道经营面包店这门生意很糟糕，是最糟糕的生意之一。大多数消费者并不会对某一品牌的面包有强烈的偏好。白面包基本上就是白面包。全麦面包基本上就是全麦面包。消费者相对缺乏品牌偏好，使得商店在与面包店的谈判中具有优势。一家商店可以威胁一家面包店，如果它不能以一定的价格购买到面包，它就会寻找另一家供应商。因此，商店可以让一家面包店与另一家竞争，它们也确实这样做了。沃伦·巴菲特喜欢有专业壁垒的产业。面包供应产业周围没有护城河——这里甚至没有任何围栏，也没有"小心狗"的标志。因此，面包店收到的价格往往被压低到如此之低的水平，以至于面包店很难赚取可观的利润（如果有利润的话）。这就是经营面包店这门生意很糟糕的一个关键原因。

经营面包店这门生意很糟糕还有一些其他原因。卡车司机和其他工会成员的工作条款经常阻碍管理层提高效率。并且，一些加入工会的工人参与了多雇主养老金计划，而面包店对这些计划几乎没有控制权，这可能成为面包店无法量化的沉重债务。此外，管理层不仅难以控制价格和劳动力，还难以控制原材料成本。小麦、糖和其他面包原料的价格会根据供需情况而波动。管理层也无法控制数千辆货车所需的汽油价格。

由于这些原因，面包店的盈利能力和现金流通常都相对较小。此外，由于它们的现金流很小，往往难以获得足够的资金来适当维护其设备，并将这些设备现代化。即使是一名母亲也很难爱上面包店。

当霍华德·伯科威茨对州际面包公司感兴趣的时候，这家公司正遭受着遗留问题的困扰。1979年，一家名为DPF的电脑租赁公司收购了州际面包公司。DPF正在清算其租赁业务，并希望收购另一项业务以证明其继续存在的合理性。此外，DPF有大量的税损结转，可以用来抵消被收购公司的缴税义务。1981年，DPF最终退出了租赁业务，并更名为州际面包公司。背负着DPF的沉重债务负担，重新命名的州际面包公司缺乏适当的财务资源，以维护其设备，并使这些设备现代化。此外，在不得不集中精力退出租赁业务的这些年里，管理层失去了对面包业务的关注。20世纪80年代初，州际面包公司的利润严重下滑，1984年公司已无利可图。霍华德·伯科威茨于1984年成为州际面包公司董事长后，所采取的第一批行动就包括让鲍勃·哈奇（Bob Hatch）——曾经的通用磨坊执行副总裁，取代州际面包公司时任首席执行官。鲍勃·哈奇很快就宣布了减少州际面包公司债务并提高其盈利能力的计划——通过剥离效率低下的工厂、优化运输路线、制定普遍的削减成本和提高效率的方案来实现。

1985年秋，当我决定分析州际面包公司时，它的股价在15美元左右。我对一家公司的分析几乎总是从研究它的资产负债表开始。有人说股东在损益表上赚钱，但在资产负债表上生存，我同意这一点。由于我渴望通过将永久性损失的风险降至最低来获得生存，资产负债表成为了解一家公司的一个好资源。

在研究资产负债表时，我会寻找财务和会计优势的迹象。负债权益比率、流动性、折旧率、会计惯例、养老金和医疗债务，以及"隐藏"资产和负债都是常见的考虑因素，其相对重要性取决于具体情况。如果我发现一家公司的资产负债表有问题，特别是债务相对于资产或现金流的水平有问题，我将中止我们的分析，除非有令人信服的理由让我们继续分析。

在州际面包公司的案例中，鲍勃·哈奇似乎在减少公司债务和加强资产负债表方面表现出色。在公司1985年5月31日结束的财年中，净债务下降了2500万美元，并在1986财年继续下降。我预计到1986年5月31日，公司将只有2500万到2800万美元的债务，而股东权益将为8500万到8800万美元。州际面包公司资产负债表的大多数其他方面似乎也处于良好状态。我担心的是资产负债表上没有列出的一项潜在负债：多雇主养老金计划未来的潜在负债。但是，由于股票市场近年来一直强劲，人们可以合理地得出结论，这些（养老金）计划的资产价值已经大幅上升，因此，在不久的将来，它们不会成为州际面包公司的重大负债。

如果一家公司的资产负债表符合要求，我就会试着了解其管理层。管理人员的能力、动机和性格往往是公司成败的关键。为了形成对管理层的看法，我通常会仔细关注管理层的总体声誉，阅读管理层过去的言论，评估管理层所陈述的战略和目标是否有意义，并分析管理层是否成功地实施了其战略并实现了其目标。

然而，我在准确评估管理层的能力方面保持谦虚。经验表明，那些富有魅力或故意说投资者想听的话的高管，会给投资者留下不适当的印象——这些高管会迎合他们的听众。此外，投资者经常会因为公司的良好业绩而过度信任管理层，反之亦然。有利的或不利的结果往往是偶然的或不幸的。几年前，我和数百名证券分析师一起参加了泰科国际首席执行官丹尼斯·科兹洛夫斯基（Dennis Kozlowski）在华尔街举行的一次魅力非凡的演讲。演讲结束时，观众爆发出热烈的掌声，一位与会者转向我说："科兹洛夫斯基可能是如今全美国最好的高管。"几年后，泰科公司濒临破产，丹尼斯·科兹洛夫斯基即将入狱。这只是一个例子，说明为什么一个人应该对自己判断管理层的能力保持谦虚。关于州际面包公司，我相信霍华德·伯科威茨有能力和动机选择一个强有力的管理层，鲍勃·哈奇迅速改善了公司效率和资产负债表，给我留下了深刻的印象。

在试图掌握一家公司的资产负债表和管理层的信息之后，我们通常会开始研究该公司的业务基本面。我们试图了解起作用的关键因素，包括（但不限于）产品和服务质量、声誉、竞争和对未来竞争的保护、技术和其可能发生的变化、成本结构、增长机会、定价权、对经济的依赖、政府监管程度、资本密集度和资本回报率。因为我们相信信息可以减少不确定性，所以我们会尽可能多地收集信息。我们阅读和思考——有时我们与客户、竞争对手和供应商交谈。虽然我们确实采访了我们所分析的公司的管理层，但我们担心他们的观点和预测会有偏见。根据经验，我们知道永远不要问理发师你是否需要理发。以州际面包公司为例，不费多大功夫就能得出结论：烘焙业务是一项糟糕的业务——一项特别糟糕的业务。

如果不了解如何进行分析，通常很难分析大量信息。知道如何分析，使我们能够把对决策至关重要的信息从次要或第三重要的信息中分离出来。一旦我们确定了什么是关键的，我们就可以开始形成观点，并估计收益和现金流。以州际面包公司为例，我列出了5个对我们分析该公司至关重要的基本面和估计：（1）资产负债表状况良好；（2）管理层似乎有能力和积极性；（3）业务利润低，在其他方面也不具吸引力；（4）最乐观的估计是，收入可能以年均5%的速度增长；（5）鲍勃·哈奇预测税前利润率在几年内可以增加到3.5%，这似乎是可信的。我注意到，每当我们进行估计时，我们都应当充分认识到，以任何确定性来预测未来都是不可能的。投资是讲求概率的。

在分析一家公司时，我们几乎总是建立这家公司的过去、现在和预期收益的模型。建立模型可以帮助我们构建我们的思维，分析关键变量的重要性。我们的模型通常包括对未来两三年的盈利预测。

一旦我们完成了对盈利模型的构建，我们通常就有了足够的信息来评估一家公司的价值。通常，我们的估值是基于预期收益和现金流的倍数。反过来，这个倍数是一家公司实力评估和预期增长的函数。从1960年到2020年的60年间，以标准普尔500指数衡量的股票市场的平均市盈率为16.1。因此，在对公司进行估值时，对于质量和增长潜力处于平均水平的公司，我只使用16.1的市盈率；对于质量和增长潜力低于平均水平的公司，市盈率低于16.1；当然，对于质量和增长潜力高于平均水平的公司，市盈率高于16.1。准确评估一家公司的价值通常是很困难的。然而，我的经验是，一个知识渊博、经验丰富、具有良好判断力的投资者可以足够准确地对大多数公司进行估值，从而成功地根据估值做出投资决定。估值是有方向性的。

我对州际面包公司所做的Excel模型估计，该公司在1988财年的每股收益为2.30美元。在这一预测的背后，我的假设是该公司的收入将以每年5%的速度增长，达到7.75亿美元，税前利润率为3.5%，有效税率为30%，稀释后的股票数量为820万股。

在评估州际面包公司时，我的结论是，它的长期业务基本面不佳，它的管理层良好且态度积极，它的预期增长率略低于平均水平。总的来说，我对该公司的估值是其收益的11倍。因此，我的结论是，两年后州际面包公司的股价将在25美元左右，比目前15美元的价格高出66%左右。

在完成估值模型后，我的第一反应是，鉴于州际面包公司的业务缺乏吸引力，它的股票还不够便宜，不值得购买。然而，我又有了第二个想法。霍华德·伯科威茨对这家公司进行了重大投资，他是一个知识渊博的人才。我喜欢跟随稳健且成功的投资者，他们对所投资的公司或行业特别了解。此外，从1982年年中到1985年10月，标准普尔500指数从110点上涨到185点，涨幅约68%。1985年10月，大多数股票价格都较高，我很难在我们的投资组合中加入比州际面包公司更有吸引力的股票。我发现，在股票市场上，我们最好灵活行事，不要被惯例或规则所束缚。有时候，跟随你的直觉是最好的——在州际面包公司的例子中，我的直觉是我们应该持有该公司的股份。在接下来的几个月里，我以大约每股15美元的平均成本购买了州际面包公司约8%的流通股。

我注意到，我们评估股票价值和做出投资决策的过程可能看起来是有序的，但实际上却相当混乱。我们经常面对不完整的信息、相互矛盾的信息、必须权衡的消极因素和积极因素，以及难以评估和预测的重要变量（例如技术变革或经济增长）。虽然我们的一些分析是定量的（例如一家公司的负债权益比或产品的市场份额），但大部分是判断性的。而且我们需要决定何时停止分析并做出决策。此外，我们需要不断地接受新信息，这些信息可能会让我们改变之前的观点或决定。有人说，如果有人认为他有分析股票的公式，那他就不懂如何分析股票。

1986年夏天，霍华德·伯科威茨邀请我加入州际面包公司的董事会，作为他利益的盟友。我接受了。我在10月15日参加的第一次董事会会议只是一个"草图"。会议在堪萨斯城的公司总部附近举行。有十几位善于逢迎的高管找到我，做了自我介绍，对我表示欢迎，并说他们很高兴我能加入董事会。我不知道他们为什么很高兴我加入了董事会。他们以前从未见过我。他们没有我的简历。他们对我一无所知。

一位高管——营销主管递给我两个巨大的塑料袋，里面装满了该公司产品的样品。州际面包公司生产了几十种不同类型的面包，以不同的标签出售，还有几十种不同类型的零食蛋糕，以多莉·麦迪逊（Dolly Madison）和其他品牌为名出售，我每一种都得到了样品。在这一天剩下的时间里，我只能拖着巨大的塑料袋到处走，然后把它们塞进出租车里，前往堪萨斯城国际机场。真正的问题出现在机场。我不能把塑料袋和行李放在一起托运，所以我不得不把它们带上飞机，并设法把它们塞进头顶的储物箱里。它们在袋子里非常松散，我无法将它们塞进去。我便挤啊挤，挤啊挤，但没有什么用。然后我开始从塑料袋里取出面包和蛋糕，把它们放在其他乘客的随身行李、笔记本电脑、雨衣、雨伞、帽子和其他东西之间。飞机的飞行员宣布，在所有乘客都系好安全带坐好之前，飞机不能离开登机口。我没有系安全带，站在那里，左手拿着一块清淡且有益健康的胡桃黑麦面包，右手拿着一块富含胡桃的薄切片三明治面包。另一名乘客和乘务员试图来帮助我，而其他乘客只是用反感或疑惑的眼神看着我。我成了一个多余的焦点。乘客们都难以置信地摇头，一个穿着正式的黑色细条纹西装、系着红色领带的男人正用塑料袋把大约25条面包、几十盒甜甜圈和蛋糕从堪萨斯城运到纽约。正当我要关上头顶上的一个隔间时，一块米尔布鲁克浓缩粗麦面包失去了平衡，落在了一位女士的头上。然后，一袋多莉·麦迪逊甜甜圈落在了另一位女士的膝盖上。我道歉并告诉第二位女士她可以收下甜甜圈。她看着我，好像我疯了似的。我也觉得自己疯了。

那天我很晚才到家。我把塑料袋放在厨房里，然后就上床睡觉了。塑料袋比董事会会议更让我筋疲力尽。第二天早上，我迫不及待地向妻子苏展示我刚刚成为董事的那家公司生产的各种令人兴奋的产品。我把面包和蛋糕放在厨房的台面上，让他们品尝。我认为他们精心设计的包装提高了我们厨房的档次。但是苏不这么认为。当她读到配料表上列出的成分时，她惊呆了：部分氢化动物起酥油、纤维素胶、叶酸、山梨酸、硝酸硫胺、人工色素、人工香料、二氧化硫。苏转向我："你学过化学。你知道硝酸硫胺是什么吗？听起来很可怕，像是炸药。"我不得不承认，尽管我在新罗谢尔高中和麻省理工学院的化学实验室里待了成百上千个小时，尽管我是英特尔科学奖的参赛选手，但我对硝酸硫胺是什么一无所知。但是这个名字听起来确实很可怕——许多其他成分的名字甚至用"可怕"来形容都不够。所以，当我妻子说面包、蛋糕和甜甜圈必须"马上"处理掉时，我很快就同意了。不管怎样，我们要花几个月的时间才能吃完所有的产品，而且它们会彻底摧毁我们的腰围。我建议我们把面包和蛋糕捐给施食处，但苏立即拒绝了这个建议："它们含有那么多化学物质，不适合任何人食用。"于是，这25条左右的面包、几十种含糖的蛋糕和甜甜圈又回到了塑料袋里，和垃圾一起被丢弃了。

我们在州际面包公司的投资真是太幸运了。从1986年初到1986年夏季中旬，小麦价格从每27公斤（1蒲式耳）3.20美元下跌到2.25美元，这是对大丰收前景的反应。此外，在1985年秋天到1986年夏季中旬之间，原油价格从每桶近30美元暴跌至约10美元。因为州际面包公司需要消耗大量的小麦和汽油（用于运输卡车），所以小麦和原油价格的急剧下降是公司节省的主要成本。当原材料价格下降时，竞争通常会迫使企业将获得的利润大部分转给客户，但会有一个滞后。以州际面包公司为例，节省的成本如此之多，降价的滞后时间也足够长，以至于公司的利润大幅增长。在1986年5月31日结束的财年，州际面包公司在重组费用前的税前利润为1460万美元。一年后，这一数字为2070万美元。尽管42%的收益增长在一定程度上应归功于管理层成功降低成本的努力，但到目前为止，最大比例的增长应归功于小麦和汽油成本的大幅下降。

1987年2月，霍华德·伯科威茨明智地决定，当前正是利用利润大幅增长来出售公司的好时机。董事会欣然同意，并聘请高盛集团对州际面包公司进行估值，并就如何出售提出建议。3月27日，高盛集团对董事会的一个委员会表示，如果该公司被拍卖，如果买家不是烘焙行业的，其股票可能价值32美元至35美元；如果买家是能够实现战略效益或协同效益并淘汰竞争对手的烘焙公司，其股票价值可能高达40美元。我最初的估值是每股25美元。因此，我笑了。

1987年春，高盛集团准备了一份销售手册，并联系了可能的买家。与此同时，如果州际面包公司被竞争对手收购，鲍勃·哈奇可能会失去工作，于是他联系了第一波士顿公司，建议该公司与他组成一个集团来收购州际面包公司的控制权。第一波士顿公司同意了。6月6日，哈奇-第一波士顿集团提出以每股35美元的价格收购最大股东所拥有的所有股票。此次收购将使他们的集团获得对该公司的有效控制权。在州际面包公司董事会拒绝哈奇与第一波士顿公司的报价后，鲍勃·哈奇告诉董事会，现在不是出售公司的好时机，并建议董事会终止出售公司。然而，霍华德·伯科威茨掌握着主导权——他想在公司利润暂时增长的时候实现他的利润。

出售公司的努力仍在进行。有11家公司对收购州际面包公司表现出了初步的兴趣，最终，其中4家公司表现出了强烈兴趣，他们愿意签署保密协议，被允许彻底查看公司的所有机密财务和运营数据。哈奇-第一波士顿集团是4个潜在买家之一。另外3家都是来自烘焙行业的竞争对手。通过表现出对收购州际面包公司的兴趣，竞争对手可以自由查看州际面包公司的机密账簿。因此，竞争对手如果没有表现出对收购州际面包公司的兴趣，那就是愚蠢的，无论这种兴趣是真实的还是假装的。

8月11日，州际面包公司发布了一份新闻稿，称它收到了有意收购该公司的非正式信号。作为对这一消息的回应，该公司的股价从28.875美元飙升至36.25美元。

州际面包公司的董事会担心，哈奇-第一波士顿集团将是唯一真正有兴趣收购该公司的一方，而其他三家竞争对手只是假装有兴趣。因此，他们决定对该公司进行非公开拍卖。投标书将装在密封的信封里提交。9月11日星期五下午5点，信封将被打开。中标者将被要求在其出价被接受后立即签署一份最终的收购合同，因为董事会担心，如果哈奇-第一波士顿集团得知自己是唯一的出价方会反悔。

当高盛集团打开信封时，哈奇-第一波士顿集团以每股38美元的价格中标。哈奇-第一波士顿集团是唯一的竞标者。高盛集团与董事会进行了磋商，并决定告诉哈奇-第一波士顿集团，如果他们将出价提高到40.50美元，他们就可以拥有该公司。这需要勇气——巨大的勇气。9月12日上午11:00左右，哈奇-第一波士顿集团同意了40.50美元的价格，几个小时后，最终的收购合同签署了。

州际面包公司董事会于9月13日星期天召开会议，批准了这笔交易。会议的大部分时间是由该公司此次交易的法律顾问、舒尔特罗思-扎贝尔律师事务所的保罗·罗斯（Paul Roth）主持的。保罗严正警告，董事会有法律责任考虑对公司的所有报价和所有其他方案。在同意收购之前，董事会必须100%确定这笔交易是公司股东的最佳选择。否则，董事会将面临因严重疏忽而有罪或者更严重的后果。之后董事会开始讨论和分析备选方案。我是AA型人格，在经历了大约两个小时的乏味辩论（关于哈奇-第一波士顿集团令人惊讶的、不明智的高报价是否符合股东的最佳利益）后，我失去了耐心，脱口而出："你不用站在秤上就能知道自己胖，董事会已经把哈奇-第一波士顿集团的标书放在秤上称了两个小时，不断地估量标书太'胖'，以至于有破秤的危险。所以让我们批准交易，然后回到我们的妻子和孩子身边吧。"保罗·罗斯瞪了我一眼，说我显然没有在听他对董事会法律责任的描述。随后，讨论和分析又持续了冗长乏味且看似不必要的几个小时，董事会才正式批准了这笔交易。

9月13日，收购州际面包公司的传奇故事还没有结束。10月19日，股市崩盘。当天标准普尔500指数下跌20.9%。我担心哈奇-第一波士顿集团现在意识到了他们是唯一的投标者，意识到他们为一个糟糕的企业支付了过高的价格。他们会声称存在不可抗力，并试图退出收购。事实上，哈奇-第一波士顿集团确实试图取消这笔交易，但保罗·罗斯起草的收购合同非常严格，几乎没有退路。10月26日星期一，收购完成。

以下内容为后记。1991年，哈奇-第一波士顿集团将州际面包公司再次上市，并将上市所得用于减少公司债务。1995年，州际面包公司以3.3亿美元现金和1690万股新发行的股票收购了陷入困境的普瑞纳公司的子公司——大陆烘焙公司。5年后，州际面包公司以2.44亿美元回购了普瑞纳公司持有的1690万股中的1550万股。看来这次回购导致了州际面包公司的毁灭。这次回购使州际面包公司的债务增加了2.44亿美元，并使其有形账面价值降低了相同数额。2001年5月31日，州际面包公司的净债务为5.95亿美元，有形账面价值为-2000万美元——当然，这是一个完全不稳定的资产负债表。这个资产负债表在3年后导致了灾难，当时经营亏损引发了该公司违反债券契约的行为。这家公司陷入了严重的财务困境。2004年9月22日，州际面包公司根据《美国破产法》第11章申请破产。它直到2009年才摆脱破产，然后在2012年初被迫根据第11章重新申请破产，一部分原因是多雇主工会计划的巨额养老金义务，另外部分原因是限制性工作条款导致的效率低下。2012年11月，该公司宣布无法继续经营，打算进行清算，将旗下多个品牌出售给出价最高的竞标者。州际面包公司就像一块正在融化的冰块，最终完全融化了。

我们可以从州际面包公司中学到一些经验。虽然相对于该公司的质量，该公司的股票并没有被严重低估，但我决定在该公司的股票上押上相当大的赌注，因为它的董事长特别能干，而且非常有动力为股东的利益行事。（我）赌赢了。当州际面包公司的收益因小麦和汽油价格大幅下降而飙升时，霍华德·伯科威茨足够精明，他意识到这种飙升可能只是暂时的。由于他拥有924800股公司股票，他在财务上有极大的动力将公司挂牌出售。

另外，鲍勃·哈奇持有的股票相对较少。在我看来，他的主要动机是保住首席执行官的位置。作为首席执行官，他每年收入超过50万美元，享有丰厚的福利和声望。在鲍勃·哈奇最初认为公司不应该被出售的观点中，他的个人利益发挥了什么作用？哈奇的个人利益在哈奇−第一波士顿集团对该公司开出的高价中扮演了什么角色？哈奇的出价最终胜出，使哈奇得以继续担任首席执行官，但这个出价肯定是基于相当大的个人主观意愿。

对于这些问题，我没有明确的答案，但我确实相信管理层和投资者倾向于从自身利益出发——我强烈怀疑州际面包公司就是一个很好的例子。

另一个教训是，过多的债务可能是致命的。我岳父建议我谨慎投资，这样在艰难的情况下，我们才能生存下来，并"多活一天"。当州际面包公司的管理层回购2.44亿美元的股票进而让公司拥有高杠杆率时，这危及了公司的财务生存能力。结果，州际面包公司一天也活不下去了。

我拒绝了许多其他很有吸引力的投资，因为它们的资产负债表不佳。我相信，这一原则是我们多年来取得成功的重要原因。

第 5 章

美国之家公司

我经常使用彭博的数据库进行筛选。我筛选那些以低市盈率、低价格—收入比、低市净率出售或者以其他相关指标来看低价出售的公司。通常情况下，筛选会提供一些值得进一步分析的股票，但额外的分析几乎总是会得出这样的结论：这些股票被明显低估是合理的。在我的职业生涯中，我可能进行了数千次筛选，但只有1%这一小部分给我带来了成功的投资点子。用筛选来寻找投资点子就像在干草堆里找一根大头针。

1994年年中，在筛选那些以大幅低于账面价值出售的公司时，我看到了"美国之家公司"这个名字，这是一家独栋住宅建筑商。我初步了解到，该公司于1991年根据《美国破产法》第11章申请破产保护，于1993年脱离破产保护，成为一家盈利的公司，资产负债表质量在住宅建筑商中属于中等水平。该公司的账面价值约为每股27美元，每股收益约为2.50美元，股价约为17美元，市净率仅为0.63倍，市盈率为6.8倍。对于价值投资者来说，极低的市净率和市盈率倍数会刺激肾上腺素的流动。于是，我急切地决定进一步调查。

我注意到凯寿律师事务所曾代表美国之家公司处理破产程序。我认识凯寿律师事务所的管理合伙人，于是我给他打了个电话。这是一通幸运的电话。管理合伙人对美国之家公司及其管理层非常熟悉。在凯寿律师事务所看来，美国之家公司之所以进入破产，是因为20世纪80年代中期，得克萨斯州的房地产市场疲软，以及随后在1990年全面衰退。在原油价格突然大幅下跌导致得克萨斯州以石油为中心的地区新房需求疲软之际，该公司对得克萨斯州房地产市场的风险敞口过大。几个月内，新房需求变得如此之疲软，以致美国之家公司被迫关闭了在休斯敦地区经营的70个分部中的36个。20世纪80年代中期疲软的市场削弱了该公司的财务实力，随后1990年的房地产衰退成为致命一击。重要的是，据我在凯寿律师事务所工作的朋友说，美国之家公司的财务问题是由外部造成的。除了财务问题之外，该公司管理良好，效率高，并受到高度评价。

我立刻得出结论：由于破产带来的耻辱，美国之家公司的股价受到了不应有的打压。我的理由是，随着时间的推移，这种耻辱会消失，股票也会升值。然后我开始更多地了解这家公司和它所在的行业。

美国之家公司是1959年由几家小型住宅建筑商合并而成的。到20世纪80年代中期，公司通过有机增长和并购，收入超过10亿美元。公司似乎因其生产高质量房屋而享有良好的声誉，而且这种声誉似乎还在增长。它的净债务有点高，但有未开发土地、已开发地块和在建房屋的库存作为支撑。这家公司没有什么问题，但也没有什么值得大写特写的地方。

住宅建筑业似乎是一个质量一般、增长潜力一般的行业。其业务流程如下。住宅建筑商通常会购买大片未开发的土地。然后他们向地方当局申请许可，对土地进行分区和开发。发展包括道路建设和铺设给水管道、污水排放系统、天然气管道和电线。然后，住宅建筑商通常会建造一些样板房，之后将该片区开放营业。虽然样板房和片区里的一些其他房子是在出售前建造的，但大多数房子是在收到销售合同并支付定金后才建造的。房子建成后，会收到一份入住证书，所有权就会转移到购买者手中。

历史上，大多数独栋住宅都是由当地建筑商建造的。最终，一些当地建筑商变得越来越大，在地理上进行扩张，并成为上市公司。规模较大的上市公司享有规模效益，更重要的是，它们还能进入资本市场。这通常会让上市公司在购买未开发土地、开发地块和建造房屋时获得融资优势。

我研究了美国之家公司的财务报表，建立了一个收益模型，得出的结论是，到1996年或1997年，该公司每股可以赚3到4美元。最初，我对该公司的估值约为市盈率的12倍，因此相信两三年后该公司股价将达到36至48美元。然而，我注意到，其他建筑商的市盈率通常略低于12倍。由于某种原因，住宅建筑业在华尔街并不受重视。事实上，住宅建筑商获得了一个贬义的绰号——"呆滞建筑商"。因此，我降低了我的预期。然而，即使美国之家公司的市盈率只有10倍，考虑到当时的股价仅为17美元，它似乎仍然是一个有吸引力的投资机会。所以，我开始购买其股票。

事实证明，购买美国之家公司的股票是一个令人沮丧的投资。公司本身做得很好，比我预期的要好得多。从1994年到1999年，公司的收入增长了91%，收益翻了一倍多，从每股2.50美元增至每股5.30美元。考虑到这些业绩，该公司的股价本应是一记出彩的本垒打。但事实并非如此。股价继续以6至7倍的市盈率出售。管理层试图提高人们对该股票的兴趣。公司董事长鲍勃·斯图德勒（Bob Strudler）向所有愿意听的人讲述了美国之家公司的故事。1997年3月5日，公司召开了一整天的证券分析师会议。我认为鲍勃·斯图德勒在解释公司战略、优势和增长潜力方面做得非常出色，但毫无用处。6月，这些股票的价格仍然低于3月初的价格。

1998年和1999年，我经常和鲍勃·斯图德勒交谈。当我和一家公司的高管交谈时，我的问题通常都会集中在公司的基本面上——新产品、竞争、战略和财务。但我和鲍勃的谈话主要集中在为什么他公司的股票以6到7倍的市盈率出售，且低于账面价值。我们俩都很困惑。美国之家公司是一家管理良好、成功的公司。几乎没有一家像样的公司以6至7倍的市盈率、低于账面价值的价格出售。美国之家公司是价值投资者的理想投资标的。我向其他一些基金经理推荐了这只股票。但股价继续以6至7倍的市盈率出售。我非常沮丧。

终于，在2000年初，有人意识到美国之家公司的售价很便宜。"这个人"是另一家住宅建筑商——莱纳公司。莱纳公司以34.75美元的价格收购了（实际上是"偷走"了）美国之家公司（收购时市盈率仅为6.6倍）。通常，当一家公司出价收购我们的股份时，我们有理由庆祝一下。我们的香槟酒确实开了，但我没有理由去庆祝美国之家公司的股票以6.6倍的市盈率出售。我们持有这些股票大约6年了，我们投资的钱翻了一番。这样算下来，平均年回报率约为12%。由于我们的目标是实现15%~20%的平均年回报率（希望更接近20%而不是15%），所以这次投资并不成功。

然而，这个故事也有好的一面。持有美国之家公司的股票使我们获得了历史上最赚钱的一笔投资的灵感——一次本垒打。下一章的主题就是那次本垒打。

第 6 章

桑达克斯公司

20世纪90年代末，美国之家公司的收入增长速度超过了我的预期，公司的市场份额也在增加。例如，1999年，该公司售出的房屋比1998年多12.0%，而在美国建造的房屋总数只增长了1.5%。这激发了我的好奇心，于是我查看了其他上市的住宅建筑商最近的增长率。它们的增长速度也远远超过了整个行业。这究竟发生了什么事？如果上市的住宅建筑商的增长速度快于他们的行业，那么未上市的住宅建筑商肯定落后了。它们为什么会落后？我给一个朋友打了个电话，他每年都会在下韦斯特切斯特县盖几套房子。我的朋友认为我的询问是无知的——事实上，是愚蠢的：难道你没有听说过储蓄贷款危机吗？

在20世纪80年代，做储蓄和贷款业务的银行（通常被称为"S&L"或"储蓄银行"）受到高利率的严重挤压。在20世纪60年代和70年代，储蓄银行发行的许多抵押贷款都有着固定的、相对较低的利率。然而在20世纪70年代末到80年代初，利率急剧上升。为了吸引必要水平的存款，储蓄银行被迫支付较高的存款利率。因此，他们的净息差往往不足以支付管理费用。此外，当1990年房地产市场疲软时，许多储蓄银行发行的贷款出现违约。这些储蓄银行陷入了大麻烦，许多宣布破产并关门大吉。其他储蓄银行则被迫合并。这场危机变得如此严重，以至于根据一项1934年国会法案成立的联邦储蓄与贷款保险公司不得不关闭，因为它无力偿债。

历史上，小型住宅建筑商购买土地、开发土地和建造房屋所需的大部分资金都是由储蓄银行和社区银行提供的。在1990年的房地产衰退期间，许多小型住宅建筑商遭受了经营亏损，以至于无法偿还贷款。因此，大多数在危机中幸存下来的储蓄银行和其他银行都不太愿意向小型建筑商放贷。由于可获得的融资减少，贷款标准收紧，许多小型住宅建筑商缺乏足够的资金来建造和以前差不多数量的房屋。一些小型建筑商决定完成现有项目，然后退出。其他的一些小型建筑商则决定以较低的速度建造。从1990年到2000年，小型建筑商建造的房屋数量持续不断地大量减少。这一空白被上市的住宅建筑商填补。这就解释了为什么大型建筑商的增长速度远远快于它们所在的市场。

我很快计算了几家大型建筑商的增长率。1999年，桑达克斯公司建造的房屋比1998年[1]多了27%。普尔特房屋公司和莱纳房屋公司的可比增长率分别为20%和17%。一件大事发生了。"呆滞"建筑已经成为一个不断增长的行业。"呆滞建筑商"的发展速度与大多数互联网公司一样快。我做了一个桑达克斯公司的收益模型。我假设，在接下来的几年里，公司每年多卖出12%的住宅，每套住宅的平均价格以每年2%的速度增长。再接下来，我研究了利润率。桑达克斯公司在1999年的税前利润相当于销售额的8.1%。当然，如果该公司的收入以14%的年增长率增长，由固定成本所产生的正向杠杆效应将使其利润率显著增长。在研究了一些历史数据后，我估计到2003年，桑达克斯公司的税前利润率将达到10%。因此，我的模型估计，该公司的收入将从1999年的60.8亿美元增加到2003年的101.5亿美元，税前收益将从4.82亿美元

---

① 桑达克斯公司的财年于3月31日结束。在桑达克斯公司的案例中，当我提到一个特定的年份时，我指的是次年3月31日结束的财年。

增加到10.15亿美元。实际税率为35%，基于1.25亿股的股票数量，我的模型预测2003年税后收益将为每股5.25美元。由于住宅建筑业正在成为一个成长型行业（我不会再称这些公司为"呆滞建筑商"），我以12倍的市盈率对桑达克斯公司进行估值。因此，我估计这些股票在2003年的价值约为63美元。在我得出这个结论的时候，该公司的股价还不到12美元。我一分钟也没等。我立即开始向任何了解住宅建筑行业并愿意倾听的人验证我的看法。别人的反馈结果是，我不用改变模型。然后我阅读了华尔街关于该行业的报道。我找不到任何一篇华尔街报道得出这样的结论：上市的住宅建筑商将享受以牺牲私营住宅建筑商为代价的加速成长。因此，其他人似乎不理解我的想法。我越来越相信，住宅建筑行业是一个极具吸引力的投资机会。我兴奋得跳起来。我等不及了，立即开始购买桑达克斯公司和其他几家住宅建筑商的股票。

我面临的问题是，该购买多少股桑达克斯公司和其他住宅建筑商的股票？最佳的投资组合多样性没有唯一的正确答案。我自己的策略是，任何一只股票的价值都不应超过投资组合总价值的12%，任何一个行业的价值都不应超过投资组合总价值的25%。在衡量百分比时，我使用股票的成本，而不是它的市场价格。这样，我就不会被迫减持一个升值速度快于整个投资组合价值的股票仓位。

我们有关大型住宅建筑商将以牺牲小型住宅建筑商为代价迅速发展的概念是一个有创意的想法。我一直对如何优化我们的创造力很感兴趣，因此多年来我一直在努力学习其他人是如何成功地产生原创性想法的。尽管我还没有找到正确答案，但我确实发现罗伯特·哈里斯教授（Professor Robert Harris）的一篇分析很有帮助。以下我节选了部分：

创造力是通过组合、改变或重新应用现有想法来产生新想法的能力。

　　很少有优秀的创造性作品是在一蹴而就或疯狂的快速活动中产生的。

　　创造力也是一种态度：一种接受变化和新鲜事物的能力——一种愿意尝试各种想法和可能性的意愿，一种灵活的观点，一种享受美好事物的习惯，并同时寻找改善它的方法。有创造力的人通常不需要循规蹈矩，也不怕失败[①]。

　　找到有创意的投资想法是很难的。思考是一项极其艰苦的工作。一个人脑子里闪过的大多数投资想法，其他人也已经想到了。因此，它们很可能已经在很大程度上反映在股票价格中了。如果你有理由相信油价会大幅上涨，但如果油价大幅上涨的可能性已经成为投资者的共识，那么现在购买拥有石油储备的上市公司的股票可能为时已晚。一天又一天的早晨，一顿又一顿的午餐，一个又一个的下午，我都在试图寻找新的、有创意的投资想法——但在绝大多数时候我都失败了。因此，我的研究工作通常是乏味的且令人沮丧的。我有数百个想法，我研究了数百家公司，但好的投资想法很少，且很久才有一个。在我们研究的公司中，可能只有1%左右最终成为我们投资组合的一部分，这使得一只股票进入我们的投资组合比一个学生进入哈佛大学要困难得多。然而，当我真的找到一个令人兴奋的想法时，空气中充满了愉悦——它像一束明亮的光，足以弥补数小时的单调和沮丧。

　　我们认为，上市的住宅建筑商将享受实质性的加速增长，这与哈里斯教授的分析是一致的。我们通过观察一个传统投资标的（美国之家公司）的趋势产生了新的投资看法。我们既不愿意遵循华尔街的普遍观点，即"呆滞"建筑是一个相对不吸引人的周期性行业。我们也不害怕失败。

---

① Harris, Robert.（2012）. *Introduction to Creative Thinking*. https://www.virtualsalt.com/crebook1.htm（version date 2 April）.

到2005年左右，我们已经在桑达克斯公司和其他几家住宅建筑商的股票上建立了大量头寸。桑达克斯公司当时是迄今为止我们持股最多的公司，这主要是因为该公司的首席执行官拉里·赫希（Larry Hirsch）给我留下了特别深刻的印象，以及该公司在建筑质量方面广泛受到的赞誉。现在，我们只需要监控我们的持股，试着放松心情，等着看我们的分析和预测是否会被证明是正确的。我注意到，我们在买入证券和卖出证券的时候是最放松的，但在这两者之间通常是很难做到放松的。这是有原因的。格林黑文的目标是实现投资的平均年回报率为15%至20%。我们会犯错误，因此为了达到15%到20%的平均年回报率，我们通常不会只购买一只证券，除非我们相信它有潜力提供至少30%的年回报率。所以，我们对每一项投资都有很高的期望。我们购买一只证券后，有两种可能。其中不太可能的情况是，这种证券开始以每年30%以上的速度升值，在这种情况下，我们会放松和微笑。而更有可能的情况是，这只证券不能以每年30%左右的速度升值，在这种情况下，我们会感到失望和不安。

还有一个需要考虑的问题。我们倾向于卖出超出我们预期的证券，持有尚未达到我们预期的证券。因此，在任何时候，因为我们已经卖出了超出我们预期的证券，所以我们的投资组合都非常偏重于那些落后于我们预期的证券。然而拥有落后者这件事既不有趣，也不轻松。

由于住宅建筑商已经成为一项相当大的投资，在接下来的几年里，我们持续地、特别仔细地监控着这些公司的进展。总的来说，我对大型住宅建筑商能够继续获得市场份额这件事感到高兴。桑达克斯公司在2003年卖出的住宅比1999年多了61%。此外，桑达克斯公司的税前利润率也增加到了11.1%，每股收益从1999年的2.11美元增加到了2003年的6.01美元。由于收益的大幅增加，该公司的股票价格已经上涨到40美元左右，这个价格是我们3年前购买的股票价格的3倍多。然而，该公司股票的市盈率仍远低于10倍，这令人沮丧和失望——也是一个谜。

在2003年7月中旬一个温暖潮湿的日子里，我发现了一个令我感兴趣的数字。美国人口普查局一直在跟踪美国正在建造中的住房单元数量。在每月的第12个工作日，它会发布上个月的数据。6月的数据显示，经季节性调整的6月新房年化开工率为186.7万套，较5月增长了6.7%，较上年同期6月增长了8.7%。对于一个应该与美国人口同步增长的行业来说，这是一个很高的增长。这一定是发生了什么事，我需要知道是什么。

答案似乎在于经济和抵押贷款利率。上世纪90年代末，科技的繁荣发展使得科技股的价格出现了暴涨。事实上，暴涨发展成了泡沫。繁荣所创造的财富增长促进了经济的发展。反过来，经济的增强引发了利率的上升。30年期固定抵押贷款利率从1997年的7%左右上升到2000年的8%左右。然后，随着科技泡沫的破裂，经济疲软，到2001年初，30年期固定抵押贷款利率又降至7%左右。9·11恐怖袭击事件是对经济的第二次严重打击。恐怖袭击发生后，许多美国人没有心情旅行或购买大件物品。为了应对疲软的经济，美国联邦储备银行大幅降低了利率。90天期美国国债利率从袭击前的3.5%左右下降到2011年底的1.7%左右。30年期固定抵押贷款利率从袭击前的约7%，进一步下降到一年后的略高于6%，到2003年年中又进一步下降到5.2%。在抵押贷款利率为5.2%的情况下，购买新房在相当长的一段时间内都比以前更容易负担得起。许多家庭决定利用这种可负担性，这是一个显而易见的原因，这造成了人们对新房的需求增加，以至于超出正常水平。

在任何时候，可以建造的房屋数量都受到许可证的发放和已开发建筑用地的限制。由于当地的反对，通常需要几年时间才能获得原始土地的开发许可。而且，出于环境考虑的反对意见往往会导致长时间的延误。我曾经读到过一篇报道：一项拟议中的住房开发项目被推迟了几年，原因是当地人担心一群青蛙的福祉，据说这些青蛙生活在流经该楼盘的一条小溪中。我开玩笑地提出了腌制青蛙腿的解决方案，但当地的环保主义者显然并不关心青蛙腿，他们把反对意见带到了法庭上。

由于批准和开发土地需要时间，到2003年年中，对新房需求的增长速度超过了可以批准和开发的建筑地块。其结果是美国许多地区新房短缺。当一个新的住宅开发项目最终准备开始售卖时，通常抱有希望的购买者比可用于售卖的房屋多得多。售楼处前排起了长队。为了排在队伍最前面，一些家庭在住宅开发区内露营一晚或多晚。由于供不应求，房价开始以高于正常水平的速度上涨。报纸开始刊登有关房价上涨的文章。许多新闻记者和经济学家预测，在可预见的未来，房价将继续大幅上涨。这些预测刺激了更多的家庭在房价进一步上涨之前购买新房。由此可见，繁荣形成了一个自我促进的正循环。到2003年秋天，经季节性调整后的新房开工速度达到了每年200万套——如果有更多可用的开发地块，这个数字可能还会更高。

我对独栋住宅的突然繁荣感到不快，尽管这似乎违反直觉。我们认为，美国每年新房的正常需求约为150万套。随着时间的推移，平均每年的住房需求是相对固定的，因为在美国只有一定数量的人需要住房。一个讨厌父母的、倔强任性的未成年人不太可能离家出走，用广告上的话说，他不太可能买一套"全新的、完美比例的房子，其拥有4间卧室、3.5间浴室、带有大教堂天花板的主卧；拥有含大型景观的、环境优美的3000平方米院子，毗邻带永久地契的自然保护区；靠近国家级优质学校和高级购物场所"。随着新房开工以每年200万套的速度增长，显然新建的房屋数量超过了正常需求。未来的需求被提前了，首先是由于具有吸引力的可负担性（低利率），然后是对房价会持续上涨的预期。可能已经有一些被压抑的住房需求从2001—2002年的经济衰退中释放出来了，但是，如果房屋建设速度继续保持在2003年末的水平，迟早会有过剩的待售房屋——房地产行业也会因此进入下行周期。

当我们购买桑达克斯公司和其他住宅建筑商的股票时，我们希望随着获得市场份额，这些公司能以两位数的速度稳步增长多年。我们还希望它们被视为成长股，而不是周期性的"呆滞"建造商，这样它们的股票就能够以更高的市盈率出售。然而，如果行业周期性下滑，我们可能会经历一段盈利下降和市盈率下降的时期。这就是我对新房需求激增感到不快的原因。

房地产的繁荣持续到了2004年和2005年。桑达克斯公司也继续从中受益，其预计2005年将售出约39000套住房，高于2003年的30358套和1999年的18904万套。此外，公司2005年的税前利润率预计将超过14%，每股收益预计将不少于9美元。如此看来，桑达克斯公司一路顺风顺水。

2005年秋，桑达克斯公司的股价约为70美元。我们从该投资中获得了近6倍的利润。我本该欣喜若狂，但我没有。该股的市盈率仍远低于10倍。此外，房地产热潮不可能永远持续下去，当它结束时，桑达克斯公司的收益可能会大幅下降。另外，由于住宅建筑商的强劲需求，以及青蛙和其他环境问题导致的有限供应，土地价格大幅上涨，而该公司却在当时大举购买额外的土地。截至2004年底，桑达克斯公司拥有96945块建筑用地，比2003年底增加了25%。为了获取资金来购买这些建筑用地，桑达克斯公司的净负债在2004年增加了5亿多美元。我认为桑达克斯公司正在犯一个巨大而危险的错误。在房地产行业异常强劲的时候，桑达克斯公司本应节约现金，尽量减少高价土地的购买。因此，持有住宅建筑商股票的风险明显增加。我又开始称它们为"呆滞建筑商"，于是我开始减持我们持有的股票。

我急需和桑达克斯公司的管理层谈谈。拉里·赫希已于2004年退休，由蒂姆·埃勒（Tim Eller）接任。我打电话给蒂姆，安排11月15日与他见面。

我决定带上一个熟人——吉姆·格罗斯菲尔德（Jim Grossfeld），他以前是普尔特房屋公司的首席执行官。在我们都是州际面包公司的董事时，我就见过他，并且很尊敬他。与蒂姆·埃勒的会面非常激烈。我试图理解桑达克斯公司在房屋建设处于不可持续的高水平时，用高价购买土地这一策略背后的想法。我很清楚，美国正在建造过量的房屋，最终会有一个市场修正，可能会导致房价下跌。如果在高成本土地上，以更低的价格出售新住宅，该公司可能会遭受严重的经营亏损和价值减损。

蒂姆不同意我的推理。他坚持认为，大型住宅建筑商将继续获得市场份额，因此，桑达克斯公司需要它正在购买的所有土地。他认为，即使在经济放缓期间，房价也不太可能下跌。他的论点是，房价以前从未下跌过。我强烈反对这种推理。把过去的趋势预测用到未来是极其危险的。这类似于通过看后视镜来驾驶汽车（当道路保持笔直时，这是可以的，但当汽车进入弯道时，这是一场灾难）。我们同意双方有分歧。我很沮丧，也很生气。我父亲总是告诉我，每当我生气的时候，慢慢地数到10，然后愤怒就会消失。可当我慢慢地数到10时，我仍然很生气。我又再次慢慢数到10，却发现自己仍然生气和沮丧。大型住宅建筑商正在扩大市场份额，还正在以相对于当前收益来说较低的价格出售房屋，但如果待售房屋库存过多，进而引发行业下行周期，就存在永久性损失的重大风险。蒂姆·埃勒似乎没有意识到其中的风险。

我决定卖掉我们持有的所有住宅建筑商的股份。我迫不及待地想看到新房需求正在减弱的迹象。当买卖证券时，我们会试图在事态发展之前采取行动。到2006年初，我们就脱手了所有仓位。我们以大约70美元的价格出售了桑达克斯公司的股票，这几乎是我们买入时的6倍。在这项投资中我们完全是赢家，但我觉得，如果房地产泡沫没有发生，它的利润可能会更高，因为住宅建筑商最终会赢得尊重，并以更高的市盈率出售其股票。

虽然我对我们在住宅建筑商上的投资结果感到满意，但我并不是完全高兴或满足。我通常是一个快乐、乐观的人，但同时，也会因为没有做得更好而不高兴。换句话说，如果我不能通过不断努力做得更好，我就不会那么快乐。渴望和努力做得更好似乎是人类行为的一部分，至少是我个人的人类行为。

泡沫破裂后的房地产危机比我想象的还要严重。谁该为这场危机负责呢？毫无疑问，银行、华尔街的公司和抵押贷款经纪人积极地超卖高风险抵押贷款要负部分责任。当然，住宅建筑商也有部分责任，他们错误地判断了自己的业务基本面，过度扩张。但也有部分责任应归咎于许多为房子支付了过高价格的家庭——汤姆·史密斯和简·史密斯夫妇（Tom and Jane Smiths）在2002年房价还比较合理的时候，根本没有购买房子的意愿，但他们后来在2005年露营排队并为房子支付了过高的价格，因为他们相信价格会继续上涨。根据美国人口普查局的数据，新建单户住宅的平均价格从2002年的228700美元上涨到2005年的292200美元。即使考虑通货膨胀因素，汤姆·史密斯和简·史密斯夫妇实际上也支付了过高的价格。此外，他们很可能用抵押贷款来为他们的购买提供资金，这些抵押贷款比房屋在2002年的价值还要高——且比泡沫破裂后的房屋价值要高得多。如此来讲，难怪会出现金融危机。在我看来，尽管贪婪的银行家和华尔街人士助长了住房和金融危机，但在2004年至2006年期间以过高价格购买住房的家庭才是危机的根源。当然，华尔街和银行最后成了替罪羊，几乎为这场危机承担了全部责任，而批评汤姆·史密斯和简·史密斯夫妇的轻率行为是不明智的。

在我们卖掉了所持有的桑达克斯公司和其他几家住宅建筑商的股份，并愉快地获得巨额收益的几个月后，我接到了比尔·萨默（Bill Summer）打来的一通不愉快的电话，他是我们的客户，从事房地产业。比尔抱怨说，由于卖出住宅建筑商股票已实现了巨额的资本利得，他现在面临着一个令人不快的巨额税单。他补充说，他不喜欢向政府纳税，在他的房地产业务中，他找到了永久推迟纳税的方法。他让我重新审视他的投资组合，卖掉他所有存在亏损的股票，这样他就可以用亏损抵消已实现的收益。我向他解释说，我们很幸运地没有遭受任何大的未实现损失。此外，如果我们把亏损的股票兑现，然后在31天后重新购买这些股票，客户的持股成本将会更低，因此，当我们出售股票时，最终将获得更大的收益。这种更大的收益将抵消前期卖掉亏损股票所节省的税收。格林黑文通常持有股票2到4年。因此，出售股票以实现抵税的客户只是将潜在收益推迟了几年。并且为了实现亏损而出售有吸引力的股票这一行为有一些明显的不利之处，因为股票买卖存在交易成本。此外，股票市场有上涨的倾向，所以平均而言，31天不持有一只股票是有一定成本的。另外，更重要的是，如果股票被出售后又被买回来，那么从买回之日起，该股票需要持有一年零一天，才能被视为长期资本收益。如果我们希望或需要在买回后的一年内出售这些股票以获得利润，那么交易中的任何收益都将按普通税率征税。因此，虽然税损卖盘实际上等同于允许客户从政府处免费借钱，但我认为这种抵税方式的缺点通常大于优点——我把这一点告诉了比尔。

几天后，比尔打来电话，仍然在抱怨他的税单。我告诉他，我们致力于做出符合客户最大利益的投资决策，尽管在一小部分时间里，税损卖盘对我们来说是合理的，但在大多数时间里，这种方式对我们来说是不合理的。我向比尔建议，如果不纳税是他的一个主要的投资目标，他应该离开格林黑文，事实上他确实离开了。

第 7 章

联合太平洋（铁路）公司

大约在公元前2000年，马被驯化并用于运输。一匹马能够以每小时8千米的速度在中等距离内运输。在接下来的3800年里，陆地运输的技术几乎没有任何创新。直到1800年，马仍然是陆地上最主要的交通运输工具，而且速度仍在每小时8千米左右。3800年的停滞！

1769年，詹姆斯·瓦特（James Watt）设计了一台高效的蒸汽机，一切自此开始改变。最初，蒸汽机是用来为水泵和工业机械提供动力的，但不久发明家们就看到了用蒸汽机来为船只提供动力的潜力。虽然早在1787年，企业家们就建造了许多蒸汽船，但罗伯特·富尔顿（Robert Fulton）被称为蒸汽航海之父。1807年8月7日，他的克莱蒙特号在32小时内完成了从纽约市到奥尔巴尼240千米的航行——平均速度仍然是每小时8千米。

如果蒸汽机可以用来为船只提供动力，为什么不能用来为轨道上的车厢提供动力呢？它们可以。1814年，一个自学成才的英国工人乔治·斯蒂芬森（George Stephenson）设计了世界上第一辆在轨道上运行的蒸汽机车。造出这辆蒸汽机车的目的是从矿井口往外运煤。11年后，第一家公共运输铁路公司——斯托克顿–达林顿铁路公司成立。斯蒂芬森为斯托克顿–达林顿公司设计了一种火车头，它可以在大约一小时内拉着6辆煤车和21辆小型客车在轨道上行驶14.5千米，这几乎是一匹马速度的两倍了。

在美国，巴尔的摩市决定修建一条通往俄亥俄州的铁路，与当时从中西部农场出发最便宜的伊利运河竞争。1828年7月4日，《独立宣言》（ *The Declaration of Independence* ）最后一位在世的签名者查尔斯·卡罗尔（ Charles Carroll ）非常隆重地、象征性地挖了一锹土，开始修建巴尔的摩与俄亥俄铁路（B&O铁路）。1830年初，B&O铁路在已经完工约21千米的轨道上开始运营，成为美国第一条商业铁路。但该铁路扩张到俄亥俄州的速度很慢。路途中的桥梁要修，隧道要挖。直到1868年，B&O铁路终于到达俄亥俄河。然后，又花了3年时间建造一座横跨俄亥俄河的桥。最后，在1871年，这条铁路终于到达了俄亥俄州的农田。

在19世纪30年代和40年代，B&O铁路几乎立即就取得了商业上的成功，从此引发了铁路建设的热潮。到1840年，大约有4800千米的铁路在运营。到1860年，扩展至大约48000千米。从1815年到1860年，农产品和工业品的长途运输成本下降了95%。1860年，火车在24小时内的平均时速可达约32千米。马匹正在传统运输中被淘汰。铁路为交通运输带来了革命。铁路就是那个时代的互联网。

很快，铁路的增长和潜在的盈利能力吸引了科尼利尔斯·范德比尔特（ Cornelius Vanderbilt ）、爱德华·哈里曼（ Edward Harriman ）、杰伊·古尔德（ Jay Gould ）和其他富有的商人及投机者的注意，他们购买了许多地区铁路的控制权，建立地方垄断，由此他们可以设定高费率（即价格）。1887年，美国国会针对许多农民和其他铁路使用者对高运费的抱怨，通过了《州际商业法》（ *The Interstate Commerce Act* ），使铁路受联邦政府的监管。该法案成立了由5名成员组成的州际商务委员会（ICC），该委员会有权管理铁路的许多方面，包括铁路运输可以收取的费率。

铁路的发展和一派繁荣一直持续到20世纪20年代，这时汽车开始侵蚀铁路运输。然后在20世纪30年代，铁路在大萧条期间遭受重创。从1928年到1933年，它们的收入下降了大约50%，到1937年，许多铁路公司已经破产。第二次世界大战开始时，整个铁路行业都陷入了困境。从1942年到1945年，与战争有关的运输使该行业的紧张状况得到了缓解，但这种缓解是暂时的。战争结束后不久，州际公路系统的建设使卡车在许多货物的运输方面比铁路更具有竞争优势。到20世纪70年代中期，铁路在城际货运中的份额从1930年的75%下降到35%。战争结束后，在运送乘客方面铁路的使用量也急剧下降，部分原因是州际公路系统的建设，部分原因是喷气式飞机实现了商业化运营。

由于监管不善和过度监管，铁路的困境进一步加剧。州际商务委员会设定了费率。为了帮助农民，谷物和其他大宗农产品的运输费用通常保持在较低水平，而制成品的运输费用通常保持在相对较高的水平。制成品的高费率促使许多制造商转向卡车运输。因此，铁路面临逆向选择。它们许多最赚钱的运输业务流向了卡车，但仍然服务于利润微薄的农业运输。此外，州际商务委员会众多的规章制度中有许多条款限制了单元列车等有效率的运营手段的引入。

铁路陷入了困境。在20世纪60年代和70年代，许多铁路公司破产，其中包括1970年6月21日破产的、一度受人尊敬的宾夕法尼亚中央铁路公司，它是美国最大、最重要的铁路公司之一。最后，就连美国政府也认识到有必要做出改变。1978年，美国交通部指出，"现行的铁路监管体系……是一堆不一致的、经常不合时宜的法规大杂烩，这些法规不再符合铁路的经济状况、多式联运竞争的本质，或托运人、消费者和纳税人之间经常相互冲突的需求"①。

---

① Policy and Economics Department. (2013). A short history of U.S. freight railroads. Association of American Railroads, p. 5.

1980 年，众议院州际和对外贸易委员会主席哈利·斯塔格斯（Harley Staggers）提出了一项法案，实质上解除了对铁路的管制。根据《斯塔格斯法案》（*Staggers Act*），铁路公司可以设定它们想要的任何费率，除非州际商务委员会确定该项服务不具备有效竞争性。该法案的其他条款增加了铁路提供高效服务的灵活性。例如，简化了废弃无利可图的、很少使用的轨道时所需的流程。

《斯塔格斯法案》是一股清新的空气。铁路公司立即开始调整价格以使其更符合经济规律。无利可图的运输路线被取消。随着利润的增长和对未来抱有信心，铁路公司开始投入更多资金进行现代化建设。新式机车、货车、轨道、自动控制系统和计算机降低了成本，提高了可靠性。这种效率使铁路公司能够降低费率，在与卡车和驳船的竞争中更具竞争力。根据美国铁路协会的数据，按 2012 年美元计算，铁路公司按平均通货膨胀率调整后的费率从 1981 年的每吨–英里 0.07 美元下降到 2003 年的 0.03 美元以下——降幅之大令人惊讶。

在 20 世纪 80 年代和 90 年代，铁路行业也通过合并提高了效率。在西部，伯灵顿北方公司与圣太菲铁路公司合并，联合太平洋公司与南太平洋公司合并。合并的结果是，只剩下两条大型铁路服务于美国西部。随着规模效率的提高和合并后竞争的减少，伯灵顿北方圣太菲公司和联合太平洋公司都可以在费率仍在下降的时候获得稳定收益。

在 2001 年至 2002 年的经济衰退期间，联合太平洋公司的管理层降低了铁路成本，以减轻经济放缓带来的影响。员工人数减少了 8.1%，由 2000 年的约 50500 人减至 2003 年的约 46400 人。成本的降低使得该铁路公司在 2003 年获得了比 2000 年更多的收益。然而，当 2004 年铁路运输需求加速增长时，裁员导致联合太平洋公司运力不足。运力不足导致许多路线严重拥堵。一个可能的类比是，高峰时段高速公路上发生交通堵塞。高速公路上车辆过多，车辆就会减速并堵车。联合太平洋公司的铁路系统拥堵导致其利润下降。它的火车需要更长的时间才能到达目的地。铁路的收入是吨-英里的函数，但它的许多成本，尤其是每小时劳动力，却是时间的函数。拖延得越多，成本就越高。此外，联合太平洋公司需要花费大量资金来雇用和培训数量异常庞大的新员工，同时还需要花费大量资金来维修和维护旧机车，这些旧机车是为了满足日益增长的需求而重新投入使用的。

2004年上半年，投资者开始意识到该公司盈利不足。2003年最后一个交易日，联合太平洋的股价收于17.37美元[①]。2004年6月30日，该股的股价收于14.86美元，在6个月的时间里下跌了14.5%。同期，伯灵顿北方圣太菲公司的股价却上涨了8.4%。

在我们看来，联合太平洋公司的拥堵问题在几年内能够而且将要得到解决，这是合乎逻辑的推断。它可以雇用和培训新员工，可以购买新的机车，可以改变一些火车的路线，使其远离拥堵的线路，还可以在一些更拥堵的线路上增加新的轨道。缓解拥堵不应该是一项艰巨的任务。更强劲的铁路交通市场将带来至少适度的费率上调，这也是合乎逻辑的。我们为联合太平洋公司建立了一个2006年的盈利模型，假设该铁路公司已经解决了大部分问题，并适度提高了费率。基于这些假设，我们的模型预测联合太平洋公司2006年的收益将接近每股1.55美元。相比之下，我们预计该公司2004年的每股收益仅为0.70美元左右。我决定对联合太平洋公司股票的市盈率进行保守估值，定为14倍。因此，我估计这些股票在2006年的价值将略高于每股22美元。此外，该公司每年支付0.30美元的股息。将股息算在内，我得出的结论是，这些当时售价约为14.50美元的股票，在2004年至2006年这2年的时间内，可以

---

① 所有每股数据均已调整，以反映随后的股票分割。

提供55%的总回报。我决定购买一些股份。它们似乎并不是一个特别令人兴奋的投资机会，但2003年股票市场和我们所投资的股票一直很强劲，我们似乎没有更具吸引力的选择。此外，重要的是，我认为这些股票有非常坚实的保护机制，不会出现重大的永久性损失。它们的账面价值是每股12美元。作为铁路公司，这家公司的资产负债表很强劲。该公司和伯灵顿北方公司是美国西部的双头垄断企业，而这个行业对美国仍然至关重要。

持有联合太平洋公司的股份而非持有现金还有另一个原因。在过去的几十年里，以标准普尔500指数衡量的股票市场年平均总回报率约为10%——我们最好的猜测是，未来几十年的平均回报率可能在10%左右[①]。当我们购买一只股票时，我们相信它的升值幅度会远远超过股市总体的升值幅度。然而，如果我们错了，这只股票是否会和市场一样升值呢？在这种情况下，如果这只股票是有代表性的，那么随着时间的推移，它的平均年回报率应该在10%左右，这比持有现金要好得多。

我注意到，股市有在长期内上涨10%的倾向，这就是做空股票通常是一种糟糕行为的原因之一。在一个倾向于提供10%年回报率的市场中，要想与市场做得一样好，做空者必须找到每年至少下跌10%的股票，也就是比市场表现差20%的股票。世界上能每年跑赢股市20%的投资者并不多，因此，我想也不会有很多投资者能找到跑输市场20%的股票。此外，当一个投资者做多一只股票时，他所能遭受的最大损失也就是他的原始投资——他的利润上涨潜力是无限的。但是，当一个投资者做空一只股票时，如果这只股票碰巧大幅升值，他的潜在损失是无限的，而他的潜在利润最多只等于他最初的投资

---

① 从1960年到2020年的60年间，标准普尔500指数的收益的平均年化增长率约为7%，平均股息收益率接近3%。展望未来，我们预计美国经济在长期内将以6%左右的速度增长（一半来自实际增长，一半来自通货膨胀），收购和股票回购将使企业每股收益增长接近7%。加上股息，如果总回报率仍接近10%，我们也不会感到意外。

价值。因此，除了对少数投资者——这些投资者有非凡的能力可以预测个股何时或市场何时会大幅下跌，我认为做空股票通常是一件痛苦的事情。

持有优质股票的另一个原因是，它们有时能从意料之外的情形中受益。这就是为什么我的老上司亚瑟·罗斯不断地建议我购买优质股票，并告诫我，"留在游戏中，艾德加，留在游戏中"（记住，亚瑟·罗斯通常会在他想表达一个观点时重复说两遍）。

就联合太平洋公司而言，我们确实从一个意外的惊喜中获得了实质性的好处。这一意外的惊喜与柴油价格有关。在我们建立对联合太平洋公司股票的头寸时，柴油的价格仅略高于每加仑（1加仑≈3.8升）1.5美元。在接下来的几年里，柴油价格稳步大幅上涨，在2008年达到每加仑4.70美元左右的高点。铁路运输的燃油效率通常是卡车运输的3到4倍。因此，为了抵消不断攀升的燃料成本，货运公司需要比铁路公司更大幅度地提高费率。所以当货运公司收取的运费大幅提高后，一些货主从卡车运输转向铁路运输。铁路运输需求的增加在两个方面影响了联合太平洋公司：

（1）由于铁路运输供不应求和卡车运输竞争力的下降，联合太平洋公司可以大幅提高其费率，所得收益将超过燃料成本的增加；

（2）交通运输量的增加推迟了铁路拥堵问题的解决，因为新的运输需求使联合太平洋公司原本就需要增加的铁路容量再次增加了。

在买下联合太平洋公司的股份后，我们一直在关注铁路的发展。从一开始，该公司的费率涨幅似乎就比我们预期的要大，但拥堵问题比我们预期中的更棘手。展望未来，我们认为费率可能会继续大幅增加，该公司迟早会从缓解拥堵中受益，届时公司的收益和股价应该会双双上涨。我们对自己的投资越来越兴奋，以至于我们还购买了其他铁路公司的股票，这些公司也将从预期中的费率大幅上涨中受益。

华尔街普遍不同意我们的观点。2005年7月13日，当联合太平洋公司的股价约为16美元时，摩根大通的一位分析师下调了该股的评级，并建议减持该股，用华尔街的话说，这意味着应该卖出该股。令我好奇的是，尽管这位分析师给出了看跌的建议，但他却针对该公司的长期潜力发表了积极的评价。他写到了联合太平洋公司卓越的轨道线路结构和获得客户的优势。他补充说，这些优势应该会带来稳健的利润率、收益和现金流表现。然而，这位分析师担心，目前的产能限制和由此导致的运营效率低下将带来短期问题和持续的失望，这可能需要较长的时间才能纠正。简单地说，分析师不可能等待超过"几个季度"，直到看到运营的好转。但是我们可以。

到2007年年中，联合太平洋公司似乎开始从缓解拥堵中获得了实质性的利益。在6月30日截止的一个季度内，该公司火车的平均速度约为每小时35千米，高于上年同期的每小时约34千米。截至2007年6月的那个季度的平均停留时间（火车在终点站停留的平均时间）为24.7小时，与截至2006年6月的那个季度的27.6小时相比，有了很大改善。该公司2007年上半年的收益同比增长了19%，尽管几个州的山洪暴发造成了轨道的冲毁和桥梁的中断，损失惨重。2007年全年的预期收益已经上升到接近每股1.50美元，与2004年每股0.77美元的低迷相比有了明显的改善。华尔街分析师对该公司的前景变得更加乐观，股价已升至30美元以上。

令我感到好笑的是，那位在2005年年中，该股16美元时建议减持的摩根大通分析师，现在却建议以31.5美元买入。在一份日期为2006年7月17日的报告中，这位分析师写道，联合太平洋公司的未来向好的趋势丝毫未受影响，该公司比大多数其他铁路公司拥有更大的定价权，并且有更多的机会来提高效率。具有讽刺意味的是，2005年年中不建议购买该公司股票的原因之一是效率低下，现在却成为2007年年中购买该公司股票的理由。这位分析师的结论是，他认为该股有很大的上涨潜力。

我定期与格林黑文的同事会面，讨论我们的想法和持股情况。到2007年年中，我们越来越清楚地认识到，大多数其他投资者也认为，联合太平洋公司正受益于大幅上调的费率和不断改善的运营效率。因此，我们得出的结论是，联合太平洋公司的很大一部分升值潜力可能已经反映在了股价中。因此，在一次例会上，我们决定开始逐步出售所持股份。到2007年年底，我们以平均31美元左右的价格出售了大部分股票。我们持有这些股票的平均时间约为3.7年。在此期间，股价上涨了一倍多一点，我们每股获得了1.05美元的股息。算上我们收到的股息，我们的平均年化回报率接近24%。

摩根大通分析师的建议，即在联合太平洋公司的股价为16美元时减持是错误的。在得到分析师的推荐后，该股股价在2008年9月一直稳步上涨。我的经验是，在华尔街分析师的建议中，错误的往往多于正确的。一位投资者告诉我，他曾经在华尔街最受尊敬的一家公司开过一个账户。他让这家华尔街公司立即买进任何被列入该公司增持名单的股票，并在这些股票被移出增持名单后立即卖出。按照这种方法做了几年之后，这位投资者关闭了他在这家最受尊敬的公司的账户，因为他的投资业绩特别差。

为什么分析师往往是不合格的选股人？大多数分析师只关注一个或几个行业，而且往往对他们关注的公司有深入的了解。然而，知识和判断之间有很大的区别。有人说，知识是知道西红柿是一种水果，而判断是不把它放在你的水果沙拉里。要具有良好的判断能力，你需要有知识储备。但是，在我看来，你还需要许多其他的特质，包括（掌握）常识、稳定的情绪、自信，以及很可能还需要一种说不出来的第六感。

此外，在我看来，大多数人，包括证券分析师，更愿意把当前的基本面状况导入未来进行预测，而不是预测未来将发生的变化。当前的基本面都是基于已知的信息。未来的基本面则是基于未知的信息。从未知中预测未来需要努力思考、分配（各种情况发生的）概率，并冒着风险——所有这些往往都是人类倾向于避免的。

此外，我认为证券分析师很难接受当前业绩不佳、声誉受损的企业和行业。通常情况下，证券分析师在推荐一只股票之前，希望看到有更好业绩的确凿证据。我的人生哲学是，生活不是等待暴风雨过去，而是要在雨中跳舞。人们通常可以通过看天气预报来合理地预测暴风雨将在什么时候过去。但是，如果一个人总是等到太阳升起的那一刻才做出决定，那么很有可能其他人已经提前对前景的改善做出了反应，并且已经推高了股价——这样一来，赚取巨额利润的机会就错过了。

在我看来，关于不要坐等风暴过去的最好文章之一，是2008年10月17日金融危机最严重的时候，沃伦·巴菲特在《纽约时报》上发表的一篇专栏文章。他写道：

> 我的购买遵循着一个简单的原则：在别人贪婪时恐惧，在别人恐惧时贪婪。毫无疑问，恐慌情绪现在普遍存在，甚至连经验丰富的投资者都会感到恐惧。诚然，投资者对处于较弱竞争地位的高杠杆实体或企业保持警惕是正确的。但对美国许多稳健企业的长期繁荣感到担忧是没有道理的。这些企业确实会像往常一样遭遇收益波动，但大多数大企业将在5年、10年和20年后创造新的利润记录。
> 让我明确一点：我无法预测股市的短期走势。我完全不知道从现在开始的一个月或一年后股市会上涨还是下跌。然而，很可能发生的情况是，在市场情绪或经济好转之前，股市已经走高——或许是大幅走高。所以如果你等着知更鸟，春天就结束了。

第8章

美国国际集团

1998 年至2000年的科技股泡沫可能是我们购买美国国际集团股票的一个关键间接原因。2000年，科技股泡沫破裂，股市开始大幅下跌。以科技股为主的纳斯达克综合指数，从2000年3月10日的5048点的高点跌至2002年10月9日的1114点，跌幅高达78%。更能代表整个美国股市的标准普尔500指数，从2000年9月1日的高点1521点跌至2003年3月11日的低点801点。如此巨大的暴跌促使许多投资委员会和个人投资者寻求比股市波动更小的投资，他们很多选择了投资承诺做空股票的对冲基金，从而大幅降低股市下行时的波动性。根据巴克莱对冲的数据，对冲基金管理的资产从2000年年底的约3000亿美元飙升至2007年的逾2万亿美元。

对冲基金通常向客户收取相当于所管理资产的1%至2%的费用，外加任何所得利润的20%作为奖励费。在我看来，鉴于如此高的收费标准，对冲基金倾向于进行复杂晦涩的投资，而不是简单地购买蓝筹股。如果一家对冲基金大量持有3M公司、美国银行、伯克希尔·哈撒韦公司、埃克森美孚公司、宝洁或其他被大量关注和普遍持有的公司的股票，那么它就很难证明其高费用是合理的。到2006年，由于对冲基金已经成为股票市场上的一股重要力量，而且它们普遍避开蓝筹股，许多规模最大、质量最好的公司的股票能够以相对较低的价格出售。

与此同时，在2003年至2005年期间，格林黑文的投资组合受益于"旧经济股"的复苏，变得异常高涨。在2003年1月1日至2005年12月31日期间，一个典型的格林黑文账户升值了约140%（包括股息）。到2006年初，我们持有的许多股票已经相对充分地反映实值，我们试图用被低估和不受欢迎的股票来取代这些股票。蓝筹股似乎符合要求，在几个季度的时间里，我们购买了通用电气、联邦快递、3M公司的股票，不幸的是，还购买了美国国际集团的股票。

美国国际集团的前身是科尼利厄斯·范德·史带（Cornelius Vander Starr）于1919年在中国上海创立的，他之前开过一家冰激凌店。多年来，该公司的主要业务是在中国销售人寿保险单。1926年，史带在纽约市开设了办事处，为在海外开展业务的美国公司提供意外伤害保险。第二次世界大战后，史带的公司被禁止在中国开展业务，但史带通过在其他地区积极扩张，弥补了失去的中国业务。1967年史带去世后，莫里斯·"汉克"·格林伯格（Maurice "Hank" Greenberg）成为史带创立的几家不同保险公司的首席执行官。格林伯格早期采取的两项行动是将这几家公司合并为一家新公司——美国国际集团，然后让这家新公司上市。

多年来，格林伯格将美国国际集团打造成了一家规模巨大、利润丰厚、备受推崇的"成长型"公司。从1989年到2004年的15年间，美国国际集团的收入和利润都以14.1%的复合年均增长率增长，公司股价的复合年均增长率约为17%。美国国际集团绝对是一只赢家股。

然而，2004年和2005年，该公司在法律上遇到了麻烦，当时它被指控有几项不当行为，包括参与旨在提高其准备金的虚假再保险交易。格林伯格在2005年初被迫辞职，马丁·沙利文（Martin Sullivan）成为新的首席执行官。

标准普尔500指数在2004年至2006年间温和上涨，而美国国际集团的股价却保持持平。2006年春，我推断2004年和2005年的丑闻对美国国际集团的股价产生了不利影响，这些股票已经不受对冲基金和其他激进投资者的青睐，由于这些原因，我们现在有机会以一个被严重低估的价格购买美国国际集团的股票。

通过阅读美国国际集团的10-K表格和年度报告，我开始分析该公司。10-K表格里没有让我惊讶的地方。在阅读年度报告时，我意识到任何保险公司报告的收益和资产负债表都只是估计，因为管理层、精算公司和独立会计师必须估计近期和未来损失的规模，而这些估计通常只是有根据的猜测而已。然而，美国国际集团在2005年底已经计提了18.2亿美元的税前费用以增加准备金。我的推论是，新的管理层有充分的动机尽可能多地计提这笔费用。毕竟，新管理层可以把这笔费用归咎于旧管理层，而这么一大笔费用将使未来的收益更大。因此，这项计提费用给了我一些安慰，因为现在美国国际集团的准备金就算不是保守估计，也算得上是准确的。

保险公司需要财力雄厚。美国国际集团的信用评级相当于AA，管理层评论说，"在这些级别上，美国国际集团的评级是世界上所有保险和金融服务机构中最高的"。

我给两个朋友打了电话，他们都是保险公司的首席执行官。首席执行官们通常不喜欢赞扬他们的竞争对手，但我的两位朋友都对美国国际集团给予了高度评价。他们都特别指出，美国国际集团的规模和资本实力赋予了该公司竞争优势。中等规模的保险公司通常没有足够的资金和业务范围来满足国际财富500强的大型公司的保险需求。因此，美国国际集团有时在非常大的保单上面临的竞争有限，而有限的竞争往往会导致高保费和高利润。

我的一位首席执行官朋友邀请我和妻子去他家与美国国际集团新任首席

执行官马丁·沙利文一同吃晚饭。我抓住了这个机会。当然，我们不能通过一个3小时的社交晚餐来判断一个首席执行官的能力，尽管如此，我发现马丁·沙利文和蔼可亲，知识渊博，且非常聪明。晚餐结束时，我对美国国际集团的领导层抱有积极的看法。

经过额外的阅读、思考和辩论，我制作了一个在正常环境下美国国际集团未来可能获得的每股收益模型。我之所以使用"正常化"收益，是因为保险公司报告的收益可能每年都有所不同，特别是由于飓风或其他灾难的发生。我的结论是，在正常环境下，该公司2008年的每股收益应该在7美元左右。这相当于2008年每股46.5美元的预计账面价值有15%左右的回报率（7美元）。在正常年份中，该公司的账面价值回报率似乎为15%，因此每股7美元的收益估计似乎是合理的。

接下来，我对美国国际集团进行了估值。经过深思熟虑，我最乐观的看法是，美国国际集团的市盈率接近平均市盈率，即15倍。因此，我得出的结论是，在2008年，美国国际集团的股票价值约为105美元，几乎是目前55美元股价的2倍。基于这些数字和该公司一流的声誉，我开始在该股建立仓位。

2006年对美国国际集团来说是个好年头。进行一些非经常对冲会计调整之前，其每股收益为令人欣喜的5.88美元。在当年的第四季度，管理层研究了公司的资本状况，得出的结论是，公司资本有150亿至200亿美元的过剩。因此，2007年3月，管理层授权回购了80亿美元的公司股票。5月，管理层将公司的股息提高了20%。我很高兴。

临近2007年底，金融市场普遍存在一些紧张情绪，美国国际集团的股价从9月底的57美元左右跌至12月底的49美元左右。2008年初，贝尔斯登公司的股价继续下跌，当贝尔斯登公司似乎可能宣布破产时，其股价急剧下跌至33美元的低点。但在摩根大通宣布其将收购贝尔斯登之后，贝尔斯登的股价开始反弹，到4月中旬，该股股价已回升至40美元的水平。

4月底，美国国际集团的股价仍远低于我们的成本价。时不时地，格林黑文的一个或多个持股会遭遇逆风。经济和金融市场是周期性的，投资领域中常常会出现逆风。当我们持有的某只股票走弱时，我们通常会重新审视该公司的长期基本面。如果其长期基本面没有改变，通常来说，我们即使不增持，也会继续持有这些股票。就美国国际集团而言，在我们看来，其长期基本面是完好无损的。该公司不得不报告一些资产按市价计价的损失，包括其金融产品子公司的衍生品合约，该子公司为银行贷款等金融风险提供保险。减记在很大程度上是必要的，这是由于高风险资产的收益率普遍上升，而不是担心美国国际集团的亏损情况会大幅恶化。因此，我们的推论是，当衍生品合约到期时，大部分或全部损失将会逆转。在伯克希尔·哈撒韦公司的2007年年报中，沃伦·巴菲特曾抱怨他们需要将衍生品合约按市价计价："衍生品合约价值的变化……必须在每个季度体现到收益中。因此，我们的衍生品头寸有时会导致报告的收益大幅波动，尽管查理（芒格）和我可能认为这些头寸的内在价值几乎没有变化。他和我不会被这些波动所困扰……我们希望你也不会。"此外，我们推断，如果信用评级公司或监管机构担心资产减记，美国国际集团总是可以通过出售新的普通股、优先股或次级债券来筹集现金和资本。事实上，在5月8日，美国国际集团宣布其将通过出售新的普通股和次级债券来筹集大约200亿美元的新资本。

然而，紧张的情绪仍在持续，在2008年6月至7月期间，美国国际集团的股价通常在20美元至25美元。8月中旬，我注意到美国国际集团的一位重要董事在8月12日以个人账户购买了3万股该公司的股票。他当时担任董事会财务委员会主席，此前担任审计委员会主席。他的这次购买给了我很大的安慰。毫无疑问，如果财务委员会主席担心美国国际集团的未来，他就不会购买该公司的股票，而且他应该对该公司的基本面非常了解。

9月15日上午，当雷曼兄弟公司根据《美国破产法》第11章申请破产保护时，一切都乱套了。准备好解决麻烦吧！该破产申请引发了一场崩盘，并进一步自我恶化。金融市场极度缺乏流动性，从而导致资产价值大幅下跌。资产价值的下跌导致金融机构减记其资产的账面价值，这反过来又导致其信用评级急剧下降。信用评级的急剧下降要求金融机构筹集资金，就美国国际集团而言，还需要为其衍生品合约提供抵押品。但此刻的金融市场近乎冻结，无法筹集必要的资本和现金，从而导致公司的信用状况进一步恶化，这进而又增加了对新资本和现金的需求，如此循环往复。随着雷曼兄弟公司破产和金融市场几近冻结，美国国际集团的股价急剧下跌。该公司需要大量的现金流作为抵押品，但随着市场接近冻结，现金无法筹集到。9月16日星期二的晚上，美国政府同意提供必要的现金，以换取美国国际集团的大部分所有权。我一读到这份协议，就清楚地意识到，我们在美国国际集团的持股遭受了巨大的永久性损失。

雷曼兄弟公司的破产以及由此引发的严重金融危机都是我们未曾考虑或预测到的异常事件。在接下来的几个星期里，我工作了很长时间，试图弄清楚发生了什么。在这场自大萧条以来最严重的经济危机中，人们很难冷静地进行清晰的思考。鉴于危险和不确定性，我们必须采取行动。在雷曼兄弟公司破产后的几周内，我们卖掉了在金融服务公司的大部分持股，还卖掉了几只没有大幅下跌，从而相对于股市整体而言已变得不那么有吸引力的股票。这些行动使我们的现金持有量增加到投资组合价值的40%左右。

在接下来的几个月里，我们对经济环境和我们的投资组合进行了长期而艰苦的思考。我很快就清楚地认识到，我们国家面临着两个相互关联却又完全不同的问题：（1）金融危机；（2）严重的经济衰退。我决定，只要金融危机还在继续，我们就会继续持有大量现金。我担心，如果危机不结束，深度的经济衰退可能演变成另一场大萧条。然而，我推断如果危机结束，将现金重新投资于被异常低估的普通股可能会很有吸引力。在我看来，许多公司在金融危机期间大幅降低了库存水平以筹集现金，而这些库存的减少是经济衰退的主要原因。一旦危机结束，企业可能会补充至少一部分库存，而这种补充将对整体经济起到刺激作用。此外，在危机期间，许多个人和企业推迟了购买他们需要或想要的大件物品。我相信，在危机结束后，至少会出现一些对当初推迟的对许多商品和服务的需求。此外，我很清楚到2008年底，美国政府和美国联邦储备银行将采取积极的行动来刺激经济。因此，我得出的结论是，一旦金融危机结束，经济很有可能会出现一定程度的反弹，或许是大幅反弹。

在2008年年底到2009年年初，我们仔细监测了美国国债和质量较低债券之间的利率差，同时我们也在寻找金融危机正在继续或减弱的其他迹象。到了3月，利率差已经收窄，金融体系也重拾信心，我决定将现金重新投资于我们的投资组合。在2007年年底至2009年3月31日期间，标准普尔500指数下跌了约45%，而该指数中工业公司这一板块下跌了约54%。工业公司比大多数其他类型的公司（如耐用消费品、制药和公用事业）对经济更敏感，因此工业公司股票的跌幅超过市场整体跌幅也就不足为奇了。在2009年春季购买股票时，我们主要购买了工业公司的股票。它们不仅比市场上大多数其他行业更加低迷，而且它们将更直接地受益于经济的反弹。我们的策略成功了。一个典型的格林黑文账户中的投资组合在灾难性的2008年损失了约38%的价值后，在2009年和2010年分别升值了约47%和21%。截至2010年底，一个典型的格林黑文账户中的投资组合比2007年底高出近10%的价值。

美国国际集团对格林黑文来说是一场灾难，但对美国政府来说不是。危机过后，美国国际集团缩减了规模，并获得了良好的运营收益。美国政府受益于美国国际集团财富的复苏，逐渐减少了对该公司的投资，并于2012年12月11日出售了其最后一批持股。根据美国财政部的数据，美国联邦储备银行和美国财政部从对美国国际集团的"投资"中总共赚取了227亿美元的利润。

一些人批评美国政府在金融危机期间救助金融机构的行为。我不同意这些批评。政府作为危机期间仅有的资金提供者之一，具有垄断的议价能力，因此能够在谈判中获得特别有利的条款。包括美国国际集团在内的大多数金融机构仍拥有强劲而可行的业务。它们的问题是流动性，而不是偿付能力。这就难怪政府的大部分救助都盈利了。

此外，最重要的是，救助计划帮助恢复了人们对金融体系的信心，而信心的恢复帮助经济从衰退中回升。面对一个如此严重的问题，救助是其中一个务实的解决方案。许多理想主义者认为，原则上政府永远不应该救助私营企业。我相信人类和机构都需要务实和灵活，强烈的意识形态和狭隘的视野可能会导致失败，最终伤害到人民。

美国国际集团的股价暴跌几周后，一位朋友兼客户问我是否从那次可怕的投资失败中学到了什么。我告诉他，我们仍在战争的迷雾中，等金融危机结束后，我会对我们的错误有一个更清楚的认知。几个月后，我确实对这笔投资进行了反思。我回顾了我们所做的工作和我们所了解到的信息，这两者都很广泛。然后我问了自己一个问题：如果我今天必须根据当时的情况做出购买决定，我还会做出同样的决定吗？我的回答是肯定的。我的结论是，在投资行业，相对不可预测的异常走势有时会迅速破坏原本有吸引力的投资。这是自然而然的。因此，虽然我们努力降低永久性重大损失的风险，但我们无法完全消除此类风险。可是，我们可以为我们愿意接受的风险程度设定一个界限——这个界限既能提供足够明显的保护，又能防止我们因过于规避风险而拒绝过多有吸引力的机会。人们不应抱着"下一个百年一遇的风暴即将来临"的信念进行投资。

幸运的是，在实践中，我们通常很早就意识到发生了不利的变化，因此我们可以在损失变得太大之前就卖掉股票。例如，在2014年，我们购买了普莱克斯的股份，普莱克斯是氧气、氮气、氢气和其他工业气体的制造商。该公司的股价似乎被低估了，我们认为该公司的盈利增长可能会加速，因为其主要竞争对手之一空气产品公司激进的新管理层将试图控制产能并提高价格。在我们购买这些股票几个季度后，我们发现空气产品公司的新管理层对降低成本比对提高价格更感兴趣。此外，普莱克斯大约14%的收入来自巴西，由于经济和政治问题，雷亚尔（巴西货币）突然大幅贬值。我们担心这种衰退会持续很久。因此，我们最初对普莱克斯的预测和估值显得过于乐观。对此，我们以适度的亏损卖出了普莱克斯的股票。

在我的投资生涯中，我经常在意识到自己最初的估值过高后，以适度的亏损出售股票。我们受了很多普莱克斯式的折磨。我发现，投资并不是为了每次持有都能获得良好的回报，而是为了获得良好的平均击中率。

第9章

劳 氏

劳氏是美国第二大家装零售商。通过遍布美国和加拿大的约1850家门店，劳氏销售约4万种与房屋相关的物品，包括木材、墙板、地板、家电、厨房和浴室橱柜、卫浴装置、照明装置、油漆、电动工具、户外家具、草籽、植物和化肥。该公司的销售额与房地产行业的繁荣情况密切相关。

劳氏成立于1921年，当时卢修斯·S.劳（Lucius S. Lowe）在北卡罗来纳州的北威尔克斯伯勒开了一家五金店。1940年卢修斯·S.劳去世后，这家店由几位家族成员拥有和经营，尤其是其女婿卡尔·巴肯（Carl Buchan）。20世纪50年代，巴肯开设了几家新店，出售建筑材料和五金。巴肯在1960年突然去世。新任首席执行官罗伯特·斯特里克兰（Robert Strickland）于1961年将公司上市，并继续扩大其业务范围。劳氏的收入从1960年的2500万美元增长到1970年的1.5亿多美元，1980年增长到近9亿美元。

从历史上看，劳氏一直专注于向专业建筑商销售产品。但当1980年新房市场疲软时，该公司开始重新设计商店，以吸引自己动手（DIY）的房主。大约在那个时候，一个新的竞争对手家得宝开始开设大型仓储式商店，商店规模通常比劳氏经营的商店大5倍。到1989年，家得宝的大型门店模式显然是未来的发展趋势。劳氏在1991年计提了减值费用，以关闭较小的门店，然后管理层开始积极开设大型仓储式门店，与家得宝竞争。仅在1993年，劳氏就开设了57家新店，平均每间门店的面积近9300平方米，面积几乎翻了一番。劳氏与家得宝的竞赛开始了。

1993年，劳氏的收入为45.4亿美元，家得宝的收入为92.4亿美元。在接下来的10年里，劳氏的收入以年均21%的速度增长，达到308.4亿美元，家得宝的收入也以类似的速度增长。这两家公司都因小型建筑材料供应商和五金店退出而实现了快速增长。在购买力、分销效率、商品种类、规模效率和低房产成本方面，小商店根本无法与这两家大型零售商竞争。

劳氏在2001年至2005年期间蓬勃发展。该公司不仅受益于房地产市场的繁荣，还从家得宝那里获得了市场份额——家得宝当时正遭受一些来自内部的销售问题。在截至2006年1月31日的5年期间，劳氏的每店销售额平均年增长率为5.4%，而家得宝的每店销售额平均年增长率仅为2.5%。劳氏飞得很高。该公司的每股收益从2000年的0.53美元攀升至2005年的1.73美元。在这5年中，该公司股价上涨了150%，在2005年年底达到34.85美元。劳氏的股东们喜笑颜开。

此后，房地产市场由繁荣变得萧条。在2007年到2009年的3年时间里，劳氏的每店销售额下降了17.8%，这几乎是一场灾难。由于销售疲软，其收益下降了39%，从2006年的每股收益1.99美元下降到2009年的每股收益1.21美元。如果管理层没有采取强有力的措施降低成本，收益还会进一步下降。2009年3月，该公司股价跌至每股13美元的低点。

房地产市场泡沫的破裂比我想象的还要严重。2004年至2006年的过度建设和大量抵押房屋被银行收回导致了空置房屋的过剩。由于空置房屋达到创纪录水平，新建住房数量从2006年的近200万套骤降至2011年的区区58.5万套。

2011年春，华尔街的主流观点是，房地产市场在一段时间内仍将非常疲弱，这主要是因为即将被银行收回的房屋（"影子库存"）可能会大幅增加待售房屋的库存。由于这种负面情绪的蔓延，房地产相关企业的股票以低迷的价格出售。我被低迷的房价和房地产行业最终必将强劲复苏的逻辑所吸引。因此，我决定对房地产市场进行自己的研究。我的结论是，在未来几年内，市场可能会变得异常强劲。我的逻辑和方法如下。

首先，我估算出每年需要多少新住房才能满足正常需求。正常需求等于美国家庭数量的净增长，加上每年被拆除的房屋数量，再加上度假房等其他第二居所①数量的增长。

2011年，美国大约有1.31亿套住房。在2000至2010年间，美国人口以0.92%的复合年均增长率，从2.8216亿增长到3.0933亿。我推断，如果人口继续以0.92%的复合年均增长率增长，每年将需要大约120万套额外的住房（1.31亿乘以0.92%）。我还读了哈佛大学住房研究联合中心2010年9月发布的一份长篇报告，该报告预测，在2010年至2020年的10年间，家庭净增长数量将在每年118万至128万之间。在阅读了其他几项研究后，我估计，在正常年份，大约需要120万套新住房，才能满足每年家庭数量的净增长，以及对第二居所需求的增长。我还估计，每年至少需要新增30万套住房，以取代因房龄、火灾、洪水、地点等原因而被拆除的房屋。因此，我的结论是，在正常年份，至少需要150万套新住房。

在进一步分析之前，我决定将150万套的估值与历史数据进行核对。在1980年至1999年的20年间，美国平均每年建成的住房数量为143万套。在这20年期间，美国的平均人口约为2.5亿。2011年的人口数为3.11亿，按这一数据进行调整后，143万套的住宅竣工量需要提升至约178万套。从更近的时期

---

① 一个人在其主要住所之外拥有的另一个住所，通常用于度假或休闲。

来看，在2000年至2003年的4年间，尽管受到9·11恐怖袭击事件和轻度衰退的不利影响，每年的平均住宅竣工量仍达到了约162万套。这些数据给了我信心，即使金融危机后的人口统计数据不那么有利，我对正常需求下150万套住房的估值即使不是保守的，也是合理的。

2010年美国新建住房数量仅为65万套，2011年这一数字似乎下降至60万套以下，即仅为正常需求估值的40%，处于萧条水平。建筑业不可能永远保持正常需求的40%。人们需要居住的地方。我很清楚，房地产市场将复苏，而且复苏将非常强劲，住宅竣工量最终将增长2.5倍，达到150万套左右。剩下的未知数是究竟需要多长的恢复时间。

为了估计复苏可能需要的时间，我使用了人口普查局的住宅竣工量数据进行了计算。如果新房的正常年需求是150万套，那么在2004年至2007年的繁荣时期，建造了140万套多余的住宅。另一个考虑因素是被银行强制收回的抵押房屋对房地产市场的影响，这似乎让许多华尔街分析师感到困惑。在考虑强制收回的抵押房屋时，我采用了以下方法。当抵押房屋被强制收回时，只有当原居住者搬到另一个家庭中（通常是父母或朋友那里），而不是购买另一套房子或租住一个出租单元时，抵押房屋的强制收回才会增加库存。因此，如果我能够估算出家庭成员"翻倍"的家庭数量，我就会知道由丧失赎回权的抵押房屋或失业造成的房屋空置数量。这些数字是可以得到的。

因此，如果不考虑近期的住房建设不足，我得出的结论是，2004—2007年期间的过度建设和2008—2010年期间丧失赎回权的抵押房屋使空置住房库存增加了约340万套（2004—2007年期间的140万套过度建设加上因丧失赎回权而空置的200万套住房）。同样，利用人口普查局的数据，我计算出2008年至2010年期间不足的住房总数为190万套（正常情况下每年需要150万套新房）。因此，在整个2003—2010年期间，空置住房库存增加了150万套。由于

2003年年底的住房库存似乎处于正常水平，我得出的结论是，2010年底的库存过剩估计约为150万套。2011年，只有大约60万套新住房在建造。如果建造数量保持在60万套的水平，而正常需求为150万套，那么到2012年年底，房地产行业将达到平衡——前提是家庭成员"翻倍"的家庭数量已经稳定下来，而事实似乎确实如此。

我们有了一个关于房地产市场可能强劲回升的观点——尽管大多数人并不认同这个观点，对此我感到兴奋。我认为，目前对房地产行业的消极态度是由于人类倾向于不加批判地用最近的趋势预测未来，并过度关注现有问题。在分析公司和行业时，我天生是一个乐观主义者，并努力成为一个实用主义者。就像谚语所说的，一杯水从来都不是半空的，而是半满的——并且对于一个实用主义者来说，它比实际需要多了一倍。

在我对房地产市场的好转持乐观态度之后，我开始寻找能从这种好转中受益的投资项目。我的第一反应是研究那些上市的住宅建筑商。然而，它们的资产负债表并不强劲，我担心，如果未来几年房地产市场没有改善，它们可能会破产。我一直试图将永久性损失的风险降至最低，并一直牢记沃伦·巴菲特关于成功投资的两条规则："第一条规则是永远不要赔钱；第二条规则是永远不要忘记第一条规则。"

我的第二个本能反应是研究家装零售商。我很快就对劳氏感到兴奋，这主要是因为我相信该公司将从两个积极的变化中受益：（1）房地产市场的好转，（2）商品销售的改善。2001年至2005年，当家得宝遭遇销售问题，而劳氏正在获得市场份额时，劳氏显然变得自满起来，结果使其销售下滑。公司现在需要做的是：研究其销售的每一种产品，淘汰销量差的产品，推出令人兴奋的新产品，从供应商那里拿到更低的价格，优化收费标准，为每种产品找到最佳的销售空间，调整库存水平以最大程度地减少缺货情况和降价的需要，并使其广告和标识现代化。劳氏的管理层似乎在认真考虑改善公司的商品销售。我推断，这些改进并不困难，需要的是关注和努力。并且，很有可能在两到三年内就能取得实质性进展。

在研究了劳氏的财务状况和其他基本面因素后，我构建了一个其2014年收益的标准化模型。我的模型假设房地产行业复苏了，公司的销售也有了实质性的改善。首先，我估算了2014年的收入。2011年，劳氏门店的销售面积总计约1830万平方米。该公司预计其销售面积将以每年1%的速度增长。因此，我预计其2014年的销售面积将达到约2030万平方米。2010年，该公司每平方米的销售额约为2500美元，低于2003年的3020美元。我认为该公司2003年的收入处于正常水平。因此，我假设，在根据随后的通货膨胀进行调整之前，每平方米的销售额将回到约3020美元的水平。在根据通货膨胀进行调整之后（假设2003年至2014年的平均通货膨胀率为1%[①]），每平方米的销售额会达到约3370美元。因此，我预测劳氏2014年的正常收入可能是每平方米3370美元乘以2030万平方米，即684亿美元。

接下来，我预测了该公司的营业利润率。2003年，扣除开设新店的非经常性成本，该公司的利润率为10.5%。如果房地产行业复苏，如果公司的商品销售情况有足够的改善，我看不出有什么理由公司的利润率不能在2014年恢复到10.5%的水平。

销售额为684亿美元，营业利润率为10.5%，因此营业利润为71.8亿美元。为了计算税后收益，我减去了2.75亿美元的预计利息支出和38%的税收。为了计算每股收益，我用预估的税后收益除以14亿股流通股。我得出的结论是，在正常情况下，2014年的每股收益可能略高于3美元。

---

① 2003年至2011年间，建筑材料和园艺用品的实际平均通货膨胀率约为2%，但我认为劳氏的价格涨幅可能略低于平均水平。

最后，我对股票进行了估值。劳氏有很多值得人喜欢的地方。它拥有强劲的资产负债表。它产生了大量的超额现金。它本质上是一家双头垄断企业。它享有良好的声誉。然而，家得宝和劳氏在美国的门店已经饱和，因此，一旦房地产市场复苏，劳氏未来的增长可能会相对缓慢。总的来说，我决定将劳氏的市盈率定为16倍，这大约与股票市场的平均历史市盈率相当。因此，我认为2014年劳氏股票的价值将略高于48美元。当时该公司股价约为24美元，看起来很划算。于是，我开始购买股票，并在接下来的几个月里建立了一个较大的仓位。

2011年12月7日，劳氏的管理层召开了分析师和股东会议。在会议上，该公司披露了其2015年的预测"路线图"。重要的是，该预测假设房价到2015年仅小幅上涨，住宅竣工量仅达到90万至100万套的水平。该公司的路线图预计，其营业收入将以年均4.5%的速度在2015年增长至587亿美元，营业利润率将增至10%。

该路线图还规划劳氏将在2012年至2015年的4年时间里回购180亿美元的股票。180亿美元是一个令人难以置信的惊喜。当时该公司的总市值只有350亿美元，因此该公司计划在未来4年内回购现有市值的51%。该公司预计，回购将使流通股数量从约14亿股减少到9亿股。极其激进的回购计划将大幅提高劳氏的每股收益。这也是一个强烈的信号，表明管理层对公司未来的信心以及对劳氏股价的兴趣。

该公司如何负担得起回购180亿美元的股票？这里有几点考虑。

1. 盈利将大幅增加。

2. 由于该公司不打算开设很多新店，资本支出将比折旧少10亿美元。

3. 新的计算机系统和新的销售计划将使公司在存货上的投资减少10亿美元。

4. 此外，该公司还将通过增加债务产生近70亿美元的现金。管理层认为，公司的资产负债表杠杆率不足，增加的债务可以由现金流和资产价值支撑。

在12月7日的会议之后，我修正了我的收益模型。我经常修改模型，因为我最初的模型很少是接近准确的。在通常情况下，我的模型只是方向性的。但它们会引导我走向正确的方向，重要的是，构建模型的过程迫使我考虑和权衡公司的核心基本面，这些基本面将决定公司未来的价值。

我修改后的模型关注的是2015年的预期结果。管理层预计，在房地产市场没有出现大幅复苏的情况下，公司的平均年收入将增长4.5%。在思考并建立了一些子模型之后，我预测，假设房地产市场的复苏颇为（但不是非常）强劲，平均年收入增长率可能为6.5%。如果年增长率为6.5%，2015年的收入将为约640亿美元。

我在确定我应该在修改后的模型中使用何种营业利润率时遇到了一个问题。管理层曾表示，每增加1美元的收入将增加约0.20美元的营业利润。根据我对公司的了解，20%的增量是合理的。假设增量为20%，如果劳氏的收入在未来4年以每年6.5%的速度增长，而不是路线图中的每年4.5%，那么该公司2015年的预计营业利润率将比路线图中10%的增长率高出1.6%（20%的2%，保持4年）。然而，该公司的利润率从未高达11.6%，我的直觉促使我做出了一个更保守的估计。我定在10.5%。

我继续使用修正后的模型。如果营业收入为640亿美元，营业利润率为10.5%，利息支出为6.5亿美元（高于我之前模型中的2.75亿美元，因为公司计划增加近70亿美元的债务），所得税税率为38%，流通股数量为9.2亿股，那么每股收益将为4.10美元。我们只以大约每股24美元的价格买入了这些股票。如果2015年收益接近4.10美元，那么该股应该是一只大赢家股——如果我们的估计过于乐观，而收益仅在3美元的水平，那么该股仍应是有吸引力的投资。此外，由于该公司的质量和其股票的低售价，我们遭受永久性损失的风险很低。劳氏是一笔甜蜜的梦幻投资。

在接下来的8个月里，劳氏的股价有所波动，但总体上保持相对平稳。2012年8月，该股的交易价格为27至28美元，并不比我们的买入价高多少。然后，在2012年秋天，房地产市场开始好转。2012年上半年，经季节性调整的新房年化开工率保持在70万至75万套之间，9月增至85.4万套，12月增至98.3万套。房地产市场似乎正在复苏，劳氏的股价也做出了回应，2012年底涨至35.52美元，2013年8月涨至45美元左右。

2013年9月底，我心情愉悦地从网球场走出来，因为我打得很好，轻松击败了对手。这时另一位基金经理找到我，问我目前对劳氏股票的看法。在我积极回应后，他同意该股仍有吸引力，但接着又说："但如果国会的预算僵局导致政府关闭，你不担心股市会大幅下跌吗？"这位基金经理显然对华盛顿及其对经济和股市的影响感到担忧。他正在出售股票以持有现金。我回答说，我不知道股市近期的走势。实际上我从不这样做。我非常相信沃伦·巴菲特的名言，即他从不对股市发表意见，因为如果他这么做了，就不会有任何好处，而且可能会干扰那些好的意见。我观察过许多聪明博学的投资者对短期市场的预测，发现他们的预测有一半是正确的。因此，抛硬币也是一样的。

在预测经济、利率、大宗商品或货币的短期走势时，我也有同样的感觉。有太多的变量需要被识别和权衡。我同意以下说法，即世界上只有两位经济学家完全了解当前的利率趋势。他们都住在瑞士。他们的观点完全相反。

我个人曾有过误判原油和天然气这两种大宗商品短期价格的经历。从2007年年中到2008年夏初，这两种能源的价格都大幅上涨：原油从每桶75美元涨到140美元以上，天然气从约每28立方米5美元涨到10美元以上。我和一个朋友担心，高油价会损害美国经济和国际收支平衡，并将大量财富从应得的、中等收入和较贫穷的美国人手中转移到不应得的、可能存在敌意的"欧佩克"（石油输出国组织的简称）国家。我们决定采取行动。我们写了一篇关于美国能源政策必要性的文章，以鼓励国内生产和节约能源。我们打电话给几位认识的参议员和国会议员，建议他们积极努力地解决我们的能源问题。我们的请求无人理睬。一位参议员告诉我们，他同意我们所说的一切，几年前他就这个问题写了一本书。他的办公室给我们寄了一本。我读了。简直是一派胡言。

事实证明，我们的担忧被夸大了。我们没有预见到能源价格会在金融危机和严重衰退期间暴跌。我们也没有预见到水平钻井和多级水力压裂技术会导致原油和天然气的产量大幅增加——实际上这些技术导致了天然气供应过剩。我对石油和天然气价格的预测是错误的，如果我试图预测其他任何商品、任何货币或任何市场的短期价格，我错的次数可能和对的次数一样多。

虽然格林黑文很少花时间研究经济和股市的短期前景，但我们确实花了大量时间研究我们投资组合中公司的短期基本面。到2014年秋季，我们明显感觉到劳氏在改善商品销售方面取得了相当大的进展。11月19日，该公司报告称，在截至10月31日的季度中，其每店销售额惊人地强劲增长了5.1%，每股收益同比增长了25.5%。罗伯特·尼布洛克（Robert Niblock，劳氏董事长兼首席执行官）将很大一部分进展归功于"我们一直在努力地内部激励"。劳氏似乎正在进入一个收入和每股收益加速增长的时期，格林黑文对此感到兴奋。

之后，在12月11日，劳氏为分析师和投资者举行了为期半天的会议。在会议上，管理层预计，2014年至2017年间，公司的收入将以4.5%～5.0%的复合年增长率增长，营业利润率将增长2.5%至11%左右，每股收益将以20.5%的复合年增长率增长至4.70美元。重要的是，我们认为劳氏的预测背后的假设是保守的，如果美国经济恰巧回到趋势线增长，劳氏的收入、利润率和收益可能会超出管理层的预期。我重新设计了我的收益模型，得出的结论是，如果美国经济好转至趋势线，劳氏2017年的每股收益可能高达5.50美元。很明显，我们找到了赢家股——劳氏的股票价格反映了积极的收益和前景，在2014年年底上涨到67.5美元，比我们在2011年购买股票时的价格高出160%。我们满意，非常满意。

第10章

惠而浦公司

当我们对未来可能发生的房地产市场复苏感到兴奋时，决定将所管理资金的20%投资于应该会从复苏中受益的股票。劳氏是我们的首选。在研究了其他几十家公司之后，我们在惠而浦公司买入了中等仓位的股票，在家得宝、雷诺士国际（一家空调和供暖炉制造商）和莫霍克工业（一家地毯和其他地板材料制造商）买入了少量仓位的股票。

为什么劳氏是我们的第一选择和最大的持仓？简单地说，与家得宝和我们研究的其他市值较大的股票相比，劳氏似乎被更加严重地低估。家得宝做出了许多出色的销售决策，并以8缸马力运转着（竭尽全力，效率很高）。劳氏却喘着粗气，并且反映在了股价中。2011年，劳氏的收入为500亿美元，市值（股票价格乘以流通股数量）仅为240亿美元左右。因此，投资者每1美元的市值就能获得2.08美元的收入。家得宝的收入约为700亿美元，市值为560亿美元。因此，投资者每1美元的市值只能获得1.25美元的收入。收入与市场价值的比较是我们进行的众多比较之一。所有的比较都清楚地表明，劳氏的引擎如果加速运转起来，我们在劳氏赚的钱会远远超过家得宝。

流动性是另一个考虑因素。劳氏的市值为240亿美元。雷诺士国际和莫霍克工业的市值分别只有20亿美元和40亿美元。它们的股票交易量不足以让我们轻易地购买或出售大量股票。流动性帮助我们避免永久性损失。我们确实会犯错误，当我们犯错误时，我们有时希望迅速摆脱错误。我们的成功也会让我们成为受害者。由于我们的策略和纪律多年来一直很成功，我们获得了高回报，而正因为我们获得了高回报，我们管理的资产比业绩不佳时多得多。管理资产规模的增加肯定会降低我们的灵活性，从而降低我们未来的回报。这就是福祸相依的道理。

结果，当2012年房地产相关股票开始反弹时，家得宝、雷诺士国际和莫霍克工业最初的表现优于劳氏。投资者普遍选择了基本面更简洁、更清晰的公司。劳氏的销售问题是一个不确定因素——许多投资者回避不确定因素。2013年年初，家得宝、雷诺士国际和莫霍克工业的股价继续大幅攀升，然后我们以大约买入价的2倍出售了这些股票。

在我们的5项房地产相关投资中，惠而浦公司是我第二喜欢的。由于钢铁和其他原材料成本大幅上升，以及家电需求疲软，该公司的收益承受着压力。我们认为，随着房地产市场的复苏，原材料成本极有可能在未来稳定下来或下降，且家电需求将大幅增加。我们预计，5年后，该公司每股收益约为20美元，届时股价可达250至300美元。在我们进行分析时，该公司的股价约为80美元。因此，如果一切顺利，这家公司的股票将是一项极好的投资。

惠而浦公司是由卢·厄普顿（Lou Upton）于1911年创立的厄普顿机器公司发展而来的。在1911年之前，洗衣机都是木制的。主妇们在木桶里装满衣服、水和肥皂，然后用手擦洗衣服。厄普顿给木桶加了一个电动机，然后几乎立刻就收到了来自一家名为联邦电气公司的100台新型洗衣机的订单。然而，问题很快就出现了，许多机器的铸铁齿轮坏了。厄普顿很快用钢制的新齿轮替换了有缺陷的部件。问题解决了，联邦电气公司对厄普顿的快速反应和商业道德印象深刻，于是又订购了100台机器。一家公司就此诞生了。

1929年，厄普顿将他的公司并入了纽约1900洗衣机公司。尽管这家公司的名字毫无新意，令人尴尬，但显然是一家创新公司。该公司曾在第二次世界大战期间生产飞机零件，之后，它预见到战后家用电器的巨大需求，成功地推出了更广泛的家用电器系列。1949年，公司管理层将公司更名为惠而浦公司。这次改名展现了无限的智慧。在更名时，惠而浦公司的收入为4800万美元。在接下来的50年里，惠而浦公司继续积极推出新产品，并收购其他公司。到1999年，该公司的收入达到105.11亿美元，比1949年增长了219倍。

我发现下面的数据既有趣又重要。惠而浦公司的收入从1949年的4800万美元增长到1999年的105.11亿美元，看似巨大，但实际上相当于复合年增长率仅为11.4%。这意味着，如果该公司的利润率和市盈率在这50年期间保持不变，那么投资者在这50年期间的平均年回报率将只有11.4%，再加上获得的股息。由于格林黑文力求实现15%至20%的年回报率，如果我们持有惠而浦公司股票的时间为50年，尽管惠而浦公司的收入增长了219倍，这笔投资仍将低于我们要求的平均水平。

在20世纪50年代，随着许多家庭第一次购买洗碗机、冰柜和烘干机，家电行业成为一个增长型行业。从1949年到1961年的12年间，惠而浦公司的收入从4800万美元增长到4.37亿美元，相当于20.2%的复合年增长率。在接下来的38年里，家电行业逐渐成熟并增长放缓，惠而浦公司的年平均增长率降至8.7%。我相信这是一个重要的教训。随着时间的推移，由于饱和、过时或竞争，几乎所有技术、产品和服务的增长速度都会放缓。许多投资者倾向于预测遥远的未来拥有高增长率，而没有充分考虑到最终会导致增长放缓的因素。

20世纪60年代末和70年代初，在许多投资者中，购买成长股并永远持有成为一种时尚。这些投资者专注于大约50只似乎具有卓越成长特征的股票。由于这些股票很受欢迎，它们的价格大幅上涨，并以历史最高的市盈率出售。

成长股投资者认为，高市盈率既无关紧要，也没有风险，因此应被忽略。他们的逻辑是，如果一家公司以20%的速度增长，并且投资者持有该公司股票几十年，即使市盈率在几十年里大幅下降，投资者也会获得高回报。例如，如果以30倍的市盈率购买一家年增长率为20%的公司的股票，30年后以20倍的市盈率出售，投资者仍然可以享受18.4%的平均年回报率（再加上股息）。

这50只备受青睐的成长股受到了众多投资者的追捧，它们甚至被赋予了一个绰号："漂亮50"。由于非常受欢迎，"漂亮50"最终开始以过高的市盈率销售。据《财富》（Fortune）杂志报道，1972年12月，"漂亮50"成长股的平均市盈率为42倍。可口可乐公司的市盈率为46倍，IBM为35倍，强生公司为57倍，3M公司为39倍，默克为43倍，施乐为46倍。

事实证明，"漂亮"并没有那么漂亮。多年来，这50家公司中的大多数增长放缓至正常水平，或低于正常水平。更糟糕的是，许多公司出现了严重的问题。其中两家公司（柯达公司和宝丽来公司）最终申请破产。其他一些公司（包括数字设备公司和S. S. 克雷斯吉公司）陷入困境，并以相对较低的价格被卖给了更大的公司。也许很难相信，花旗公司（当时被命名为第一国民城市银行）是"漂亮50"之一，杰西潘尼公司和西尔斯罗巴克公司也是。

"漂亮50"一度被称为一次性决策股票：做出一次购买这些股票的决策即可，因为这些股票值得被永久持有，我们不需要再做出什么时候出售它们的决策。不幸的是，对一次性决策成长股的拥护者来说，1973年，当"漂亮50"的股价开始下跌时，他们不得不做出痛苦的第二次决策。从1973—1974年的高点到1974年的低点，施乐的股价下跌了71%，雅芳下跌了86%，宝丽来下跌了91%，一次性决策成长股的主要支持者带领他们的追随者跌下悬崖。

在我看来，1968—1974年成长股的繁荣与萧条，以及随后1998—2002年互联网科技股的繁荣与萧条，都证明了有效市场假说是错误的。有效市场假说认为，投资者不可能跑赢股市，因为股票总是基于所有相关和已知的股票基本面信息进行有效定价。我认为有效市场假说之所以失败，是因为它忽视了人性，尤其是大多数人是追随者而不是领导者的本性[①]。作为追随者，人类倾向于接受那些已经很好的东西，而避开那些最近很差的东西。当然，买入已经表现良好的股票，避开表现不佳的股票，这样的行为会使这种趋势持续下去。之后其他的趋势追随者也不加批判地加入趋势，使得趋势自我强化，最终导致过度。

通常，投资者会发明一种理论来证明一种趋势的合理性："无论市盈率如何，购买成长股都可以实现超额回报，因为它们的市盈率从长期来看是无关紧要的"，或者"新经济的互联网股票将继续呈指数级增长，而旧经济的股票已经死了，应该卖出"。在我看来，当为繁荣辩护的观点普遍被投资者不加批判地接受时，繁荣就变得特别危险。然后，投资者就容易变得自满，并将这种过度投资行为视为新的标准。历史书中充满了繁荣和萧条，而且繁荣和萧条可能会继续发生，因为人类倾向于不加批判地参与趋势和时尚。

我有一个关于为什么这么多人不加批判地追随潮流的论点。我无法证明这个论点，但它对我来说很有意义。我的经验和观察是，许多聪明的投资专业人士是潮流追随者，而且他们完全意识到自己是潮流追随者。然而，尽管他们可能尝试过，但他们没有天生的能力去改变这点，从而成为传统智慧的领导者和捍卫者。因此，我的结论是，他们成为追随者的倾向至少有部分（如果不是很大程度的话）是天生的和遗传的。我进一步得出一个结论，即只有一小部分人是领导者。这是有逻辑的。人类开化的历史大约只有一万年。在这之前的大约20万年里，他们是狩猎采集者，成群结队地寻找食物和住所。

---

① 导致有效市场理论失败的另一个人类特征是，许多投资者容易受到偏见或情绪冲动的影响。情绪是投资者在股市中获得丰厚收益的敌人。

为了成功，团队通常只能有一个领导者。如果一个团队中有多个领导者，在决策过程中可能会产生分歧，更强的领导者最终会淘汰较弱的领导者。领导者倾向于追求绝对的权力，有时会谋杀对手或潜在的对手来保护自己的地位。历史书上有国王为了消除竞争的威胁而谋杀自己的兄弟姐妹，甚至是自己的孩子。因此，在数万年的时间里，许多具有领导基因的人类在适者生存的原则下被淘汰，留下了绝大多数狩猎采集团队中的追随者。因为现在人类的基因组成与狩猎采集者的基因组成几乎相同，所以只有少数人具有领导者基因，而大多数人倾向于成为追随者。

有一个推论可以解释为什么如此多的投资者过于关注短期基本面和其带来的投资回报，而忽略了长期基本面和其带来的投资回报。这个推论是，狩猎采集者需要非常关心他们眼前的生存——担心可能潜伏在下一块岩石后面的狮群，或者担心附近可能会有攻击和杀戮他们的敌对部落。如果他们不关注短期情况，他们可能会被杀死。事实上，几个世纪以来，许多没有高度关注短期危险的人都没有幸存下来。专注于短期情况而非长期情况的倾向似乎在很大程度上是天生的（毕竟，人类经常在遇到突然出现的明显危险时退缩——根据定义，退缩是本能的，而不是有意识的）。因此，通过适者生存，如今大多数人都高度关注短期情况。

我注意到，其他人也得出了这样的结论，即人类的经济行为在很大程度上是遗传的。值得注意的是，丹尼尔·卡尼曼（Daniel Kahneman）因其在前景理论方面的研究获得了2002年诺贝尔经济学奖。前景理论认为，人们往往倾向于根据遗传的直觉做出非理性决定，而不是根据逻辑结论。卡尼曼和其他人发明了一个新的科学分支，称为行为经济学，研究人类行为对经济决策的影响。

在1998年至2000年的互联网繁荣后期，我接到了两个客户的电话，他们就是过分关注短期情况的追随者。第一个电话来自迪克·奥尔布赖特（Dick Albright），他是一个聪明的老人，已经卖掉了他的生意，现在热衷于收集中国古董家具，尤其是黄花梨木家具。迪克打来电话时，我们的股票表现不错，但远不及互联网相关股票。迪克提到他的儿子，他的儿子不幸地失去了固定工作，现在正在公寓里的电脑上进行互联网股票的日内交易，他的表现远远超过了格林黑文。迪克强烈建议我买几只互联网股票来试水："只需要买两到三只来扩大你的知识面，因为如果你不学习一些关于新经济的知识，你可能会失去作为投资经理的价值。也许我儿子能给你一些建议；也许你可以从他那里学到一些关于投资新经济的知识。这是他的电话号码。你真的应该给他打电话；他才20多岁，却真正懂数字技术。"我没有给他打电话，也没有购买任何价格过高的互联网股票。

第二个电话来自一位已退休的高盛集团投行合伙人弗兰克·希特（Frank Heat）。弗兰克简直无法理解格林黑文是如何完全错过了互联网热潮的。"你当时在哪里？你睡着了吗？"我仔细地阐释了我通常向客户解释的内容：我们是价值投资者，在价值股中寻求安全边际——高科技股票存在被淘汰的风险，这些股票不能给我们提供我们所珍视的安全边际。

这两位客户又给我打了几次电话，抱怨同样的问题。最后，我成功地说服迪克，他应该另找一个投资经理（也许是他失业的儿子），弗兰克则是主动离开了。当然，在这两位客户离开后不久（想必是去找那些大量投资于价格过高的新经济互联网股票的投资经理了），泡沫突然破裂，许多科技股市值蒸发了四分之三以上。

在1997年至2000年的科技股繁荣时期，一个典型的格林黑文账户的平均年回报率为18.5%。标准普尔500指数在此期间的平均年回报率为22.4%（科技股在该指数中占比很大）。我们落后了。在繁荣接近尾声时，我很乐意落后。

我告诉我的合伙人，如果被严重高估的互联网相关股票进一步升值，从而导致标准普尔500指数继续大幅上涨，我希望落后于该指数。如果我们想要超越一个已经被高估的指数，那么唯一的办法就是承担不明智、不安全和不负责任的风险。

然后，在2001年和2002年市场急剧下跌期间，格林黑文的平均年回报率为正3.4%，而标准普尔500指数为负18.2%。互联网和许多其他新经济科技股被投资者抛售。尽管股市遭遇强劲的逆风，但我们的股票总体上保持了稳定。

每隔一段时间，就会有一位明星级别的投资经理。2003年至2005年的情况就是如此。2003年年初，我们持有的"旧经济"股票以不合理的低价出售。在互联网繁荣时期，它们的持有量偏低。此外，我们还有一个激动人心的机会，即购买生产大宗商品公司的股票。21世纪初，中国和其他一些新兴国家显著增加了原油、钢铁、铜和其他大宗商品的购买量，以满足其不断增长的经济需求。许多商品开始供不应求，价格开始大幅上涨。格林黑文注意到了这一点，购买了生产石油、化肥和纸张的公司的股票。我们在正确的时间出现在了正确的地点，在2003年至2005年的3年期间，我们的平均年回报率为34%，远高于标准普尔500指数的12.8%。

我有时想知道迪克·奥尔布赖特和弗兰克·希特的投资组合在2000年至2005年期间表现如何。可能相当糟糕。在投资股票时，耐心、稳定的情绪和常识都是重要的品质。

2003年至2008年大宗商品价格的大幅上涨为我们创造了一个投资机会，让我们在2011年以一个特别异于常理的低价购买到了惠而浦公司的股票。2003年至2011年对惠而浦公司来说绝对是地狱般的时期。从2003年到2011年，钢铁、铜和塑料（用于制造家电的关键原材料）的价格急剧上涨。铜价从2003年的每千克1.80美元左右，上涨到2011年的每千克8.89美元左右。在同样的8年期间，美国热轧钢的典型价格从每吨270美元左右上涨到每吨650美元左右。2003年到2011年，惠而浦公司的原材料年度成本增加了约35亿美元，约占收入的18%。多么大的逆风！事实上，这是一场大风暴！此外，2007年房地产市场开始疲软后，对大型家电的需求急剧下降。根据家用电器制造商协会的数据，美国"六大"家电（洗衣机、烘干机、冰箱、冰柜、洗碗机和炉灶）的销量从2006年的约4700万台下降到2011年的约3600万台。在需求疲软的环境下，惠而浦公司很难充分提高价格来抵消原材料成本的增加。因此，惠而浦公司同时遭受着原材料成本增加、销售量减少和定价的压力。这不是一个令人愉快的情景。

令人惊讶的是，尽管遭受着飓风般的不利影响，惠而浦公司在整个2003年至2011年期间仍然保持盈利。值得称道的是，该公司管理层［尤其是2004年成为首席执行官的杰夫·费蒂格（Jeff Fettig）］在此期间积极地、持续地降低了成本。产品被重新设计，以减少原材料的使用，并增加零部件的通用性，工厂被合并并搬迁到低成本地区，员工福利减少，广告和其他经常开支被削减。在惠而浦公司的2008年年度报告中，管理层列出了3大战略重点。首要任务是"降低我们的全球成本结构"：

> 我们正在积极采取行动，根据全球零部件标准重新设计我们的产品。这种全球都行之有效的方法降低了成本，提高了质量，并加快了我们从设计到上市的速度。在2009年，我们做出了在全球范围内关闭5家工厂和减少约5000个工作岗位的艰难决定，这将使我们能够进一步降低成本，提高运营效率。我们积极地管理我们业务各部分的所有成本，以迅速调整我们的成本结构，从而适应当前和预期的全球需求水平……我们今天采取的果断和深思熟虑的行动将显著降低我们的总体成本结构。

2011年春，格林黑文研究了惠而浦公司的基本面。管理层削减成本的能力和意愿立即给我们留下了深刻的印象。尽管2010年家电需求严重低于正常水平，但该公司仍能获得5.9%的营业利润率。通常，当一家公司遭遇特别不利的行业环境时，它根本无法赚取任何利润。但惠而浦公司仍保持适度盈利。如果在不利的情况下也能获得5.9%的利润率，那么一旦美国房地产市场和家电市场恢复正常，该公司又能获得多少利润？

我们制作了一个Excel模型来估算惠而浦公司在2016年的收益。该模型假设房地产行业在那时已经复苏。惠而浦公司大约53%的收入来自美国。其余收入来自拉丁美洲（主要是巴西）、欧洲和亚洲（主要是印度）。我们对未来非美国地区的收入和利润率做了保守的猜测，但我们的大部分精力都集中在预测美国市场未来的收入上。我们最乐观的预测是，如果房地产行业复苏，来自美国的收入将在2010年至2016年间以7%至8%的复合年增长率增长。然后，我们试图分析惠而浦公司的经营杠杆。在查看了过去的数据并与管理层交谈后，我们估计，在未来降低成本之前，惠而浦公司的收入每增加1美元，税前利润会增加约0.20美元（该公司正在实施几个进一步降低成本的计划）。我们的结论是，该公司2016年的收入和营业利润率可能分别约为250亿美元和10%，因此其营业利润可能约为25亿美元。我们估计，该公司2016年的利息成本、实际税率和稀释后的股份数分别为2.75亿美元、28%和8000万股。根据这些已知条件预测，惠而浦公司2016年的每股收益约为20美元。

20美元的预估每股收益是在原材料成本稳定但并没有下降的前提下得出的。我的分析是，钢铁和铜的价格很有可能在2011年至2016年期间下跌，从而为惠而浦公司提供了额外的推动力。以铜价为例，铜价从2003年开始大幅飙升。到2011年，铜价价格上涨了5倍，其主要原因显然来自中国。数字很能说明问题。2003年至2011年间，中国的铜消费量从305.6万吨增长至781.5万吨，年增长率为12.4%。2011年，中国消耗的铜占了全球铜消耗量的五分之二。

我的经验和逻辑是，当一种商品价格大幅上涨时，反作用力就会发挥作用。具体来说，高价格激励生产者增加产能，并激励用户通过节约或替代来减少消费（铝可以在许多电气应用中取代铜）。供给和需求都具有弹性。通常的结果是供过于求——并且，与供求规律一致，价格开始下跌。

多年来，当一个行业的形势变得紧张时，我经常听到管理层说："这次不一样；该行业已变得自律，不会增加过剩产能。"然而，除了供应和价格由卡特尔（垄断组织形式之一）控制的大宗商品外，我还没有看到哪一种大宗商品长期处于供应紧张状态。通常只需要一两个希望能利用现有的高利润条件增加产能的管理层，然后，其他公司的管理层会担心失去市场份额，也开始计划增加产能。其结果是产能大幅增加，并导致市场更疲软（或变得疲软）。除非价格由卡特尔控制，否则大宗商品往往是周期性的——而且是很强的周期性。

管理层在决定增加产能时倾向于服从从众的本能，这是"合成谬误"的一个例子。合成谬误指出，如果一个决定或行动对一个或几个人，对一家或几家公司来说是合理的，那么如果整群人或公司都遵循这个决定或行动，它就会变成非理性的，而且这种非理性的结果对所有人都是不利的。合成谬误的一个例子是，当拥挤的剧院里响起"着火了"的呼喊声时，成百上千的观众倾向于同时冲向唯一的出口。如果只有少数人冲过去，他们很可能会迅速安全地逃离。但同时冲过去数百人就可能会导致踩踏和伤残，甚至更糟的结果。

我见证了一个增加产能的决定是如何产生的。1981年，我接到鲍勃·赫伦代尔（Bob Hellendale）的电话，他是大北方尼库萨公司的董事长兼总裁，该公司生产新闻纸、纸浆和其他纸制产品。大北方尼库萨公司正考虑在密西西比州的利夫河上建造一座新的大型纸浆厂。鲍勃·赫伦代尔准备将这些计划提交给大北方尼库萨公司的董事会批准，他让我在董事会会议之前听听他的报告并给出建议。拟建造的造纸厂的经济效益主要取决于造纸厂的成本、大北方尼库萨公司从美国政府获得的投资税收抵免、纸浆的假定价格以及假定的生产成本和经常费用。在鲍勃·赫伦代尔的预测中，他假设价格将以接近其历史范围上限的速度增长，而成本将以接近其历史范围下限的速度增加。在我看来，大北方尼库萨公司的管理层似乎想要建造这座工厂，并采取了一些可以证明建造工厂合理性的假设。当格林黑文权衡是否购买一只证券时，我们通常会做出保守的假设。大北方尼库萨公司的做法却恰恰相反。在一个生产大宗商品的行业里，纪律也不过如此！

证券分析师或投资经理在根据统计信息（例如历史价格或成本趋势）做出决定时必须谨慎。如果统计数据不完整或倾向于证明一个预先决定的合理性，例如建立纸浆厂的决定，那么统计数据可能会产生误导。一个误导性统计数据的例子是，一个统计学家根据他的结论，即一条小河的平均深度约为0.9米，在试图过河时溺水身亡。

既然我们已经得出结论，如果房地产行业到2016年完全复苏，惠而浦公司每股可以赚到20美元，我们必须对其股票进行估值。这被证明是困难的。虽然我在职业生涯的大部分时间里都在为公司估值，但有时我也会因为不确定性而感到困惑。在惠而浦公司的案例中，我很难评估该公司的竞争地位。该公司似乎是行业内的低成本生产商，而其大多数竞争对手都不盈利。惠而浦公司还有其他几个竞争优势：

1. 惠而浦公司在收购美泰克时淘汰了一个主要竞争对手；

2. 西尔斯罗巴克似乎正在失去市场份额（并且，作为一家公司，它陷入了困境）；

3. 由于在生产力和设计方面投资不足，通用电气似乎已经失去了一些竞争力。

但惠而浦公司也有一个很大的竞争劣势：两家韩国竞争对手（LG集团和三星集团）似乎一心想获得市场份额，即使它们需要大幅降价来实现这一目标。惠而浦公司虽然对这些韩国企业提起了反倾销诉讼，但结果如何还不确定。总的来说，我最乐观的猜测是，惠而浦公司的价值不会超过其正常收益的15倍，但可能会超过12倍。因此，2016年惠而浦公司的股价可能在250美元至300美元之间。然而，我最终认为，我目前的估值并不会带来什么不同。如果惠而浦公司在2016年的每股收益接近20美元，那么无论其股票（2011年春季的股价约为80美元）的市盈率是15倍、12倍甚至10倍，都将是一项令人兴奋的投资。我的计划是积极购买其股票，然后在接下来的几年里，我有足够的时间来完善我的收益预测和估值。当你认为你正在打出一个本垒打的时候，你不需要去想这个球最终可能会落在下层还是上层，或是出了球场——我不需要对惠而浦公司的股票进行过度评估，只需要知道它们是一个令人兴奋的投资机会即可。经过适度的进一步尽职调查，并阅读了一些华尔街关于惠而浦公司的报道后，我开始购买该公司的股票。

我要指出的是，2011年，华尔街分析师普遍不看好惠而浦公司的股票。分析师们主要关注该公司的短期问题，而忽略了该公司的长期潜力。摩根大通2011年4月27日的一份报告指出，惠而浦公司目前的股价恰当地反映了该公司原材料成本的增加，该公司无法提高价格，以及当前家电需求疲软。摩根大通维持对该股的"中性"评级。

在摩根大通的报告中，对惠而浦公司及其股票近期前景的预测可能是正确的。但格林黑文的投资期限是2到4年，对所持有股票的近期前景不太关心。我们知道惠而浦公司的股票在升值之前可能会保持平稳甚至下跌，但任何暂时的平稳或下跌都不会影响我们最终的投资回报。我认为惠而浦公司的股票是一记异常好打的慢球。击球手应该放过一记异常好打的慢球，仅仅是因为他希望未来会有更慢的好球出现吗？我认为不应该。事实上，我认为，摩根大通和其他人详述的短期问题很有可能已经在很大程度上或完全反映在股价中，因此，这就是机会。

我对惠而浦公司的股票尤其感到兴奋，因为如果趋势正确，它们有可能在未来几年增长几倍。例如，房地产行业在不久的将来开始大幅改善，钢铁和铜的价格开始下降，那么预测惠而浦公司2014年的每股收益将达到16美元，2011年至2014年期间的股价将上涨约两倍（达到约240美元，或市盈率达到15倍）就不是不合理的。我注意到，多年来，格林黑文的回报中有相当大的比例来自其相对较少的持股。事实上，我可以更强有力地指出，自1987年成立以来，我们的大部分成功都是由我们所持股份中相对较小的比例带来的。格林黑文的长远目标是为客户实现20%的平均年回报率（由于20%是长远目标，我们通常说的目标是15%~20%）。如果我们持有的股票中有五分之一的价值在3年内增长了2倍，那么我们整个投资组合中其他五分之四的股票只需实现12%的平均年回报率，就能实现20%的长远目标。

出于这个原因，格林黑文加倍努力地试图识别潜在的多倍股。惠而浦公司有潜力成为一个多倍股，因为它的股价相对于其潜在盈利能力来说非常低。当然，大多数潜在的多倍股最终并没有成为多倍股。但如果你不去尝试，就不可能找到多倍股。有时在我们的持股中，最初看起来不那么令人兴奋的股票最终会受益于积极的、不可预见的事件（美丽的黑天鹅），并出人意料地成为完全的赢家股。出于这个原因，只要我们持有的股票价格合理，并且没有永久性损失的巨大风险，我们就愿意保持满仓投资。我时常想起亚瑟·罗斯先生（我的老上司，什么事都喜欢说两遍）最喜欢说的一句话："留在游戏中，艾德加，留在游戏中。"

我们在2011年上半年大量买进了惠而浦公司的头寸，当时该股的价格约为80美元。2011年下半年，家电市场和惠而浦公司的收益令人失望，股价跌至50美元左右。当我们持有的某只股票走弱时，我们会问自己一个问题：我们购买该股票的原因是否仍然有效（如果是的话，疲软可归因于暂时的问题）？还是我们最初的分析和判断有缺陷？如果我们相信自己最初的分析和判断是正确的，那么我们通常会趁弱势买入更多的股票。然而，如果我们得出结论，我们最初的分析和判断是错误的，我们通常会承认错误，并希望在损失变得更大之前卖掉我们所持有的股票。我们意识到我们会时不时地犯错误。如果我们从来没有犯过错误，我们也应该受到一定的批评，因为我们太保守了。要赚钱，就得冒点险。问题是我们应该怎样划定风险的界限。这个问题没有唯一的正确答案，因为不同的投资者有不同的投资目标、不同的资产负债表和对风险的不同情绪承受能力。

2011年下半年至2012年，我们逐渐增持惠而浦公司的股票。2012年，我继续关注华尔街分析师——尤其是摩根大通和高盛集团分析师的观点。两家公司都没有采纳我们关于惠而浦公司具有吸引力的论点。摩根大通在2011年和2012年期间对该股保持"中性"评级。2012年2月1日，高盛集团的一份报告估计，惠而浦公司2012年的每股收益仅为4.56美元，2014年为5.97美元。报告建议出售这些股票，尽管当时股价仅为62美元，为该公司2014年预期每股收益的10.4倍。2012年10月23日，惠而浦公司宣布了9月份所在季度的良好收益，并将2012年的预期每股收益提高至6.90美元至7.10美元，并公开表示："我们今年连续3个季度的营业利润率同比提高……由于我们新产品创新的强劲节奏，我们成本节约计划的优势，以及美国房地产市场的积极趋势，我们正在经营中的业务应该会持续改善业绩。"第二天，高盛集团将惠而浦公司的

2012年预期每股收益上调至7.09美元，并将其股票评级从"卖出"调整为"买入"。高盛集团报告发布的当天，该股以94美元的价格出售，较9个月前高盛集团建议出售该股时上涨了50%以上。正如我之前说过的，我相信华尔街分析师的买入/卖出建议往往是错误的，而不是正确的。

2013年是惠而浦公司的突破之年。美国新房开工数增长了18%，达到92.5万套，"六大"家电的美国国内销量增长了9.5%，惠而浦公司的每股收益增长了42%，达到10.02美元。这一好消息引发的反应是，该公司股价上涨了54%，从年初的101.76美元上涨到年底的156.86美元。一只知更鸟不能构成一个春天，但现在有几只知更鸟在惠而浦公司的草坪上。令我兴奋的是，我们在该股上的投资翻了一番，我们关于房地产相关股票的理论似乎奏效了。

2014年春天，我听到传言说惠而浦公司可能有意收购欧洲家电制造商意黛喜，后者已将自己挂牌出售。我立即写信给杰夫·费蒂格（惠而浦公司的董事长兼首席执行官），建议惠而浦公司不要收购意黛喜。惠而浦公司有一个光明的未来，它不需要进行收购。收购将提高资产负债表的杠杆率，分散管理层的注意力。欧洲是一个很难做生意的地方，许多收购都没有按计划进行。卖方知道的比买方多，他们可能还知道一些买方不清楚的问题和不确定性因素。杰夫给了我一封"格式化"的回信，信中说，惠而浦公司只有在对股东有意义的情况下才会收购意黛喜。他还能说什么呢？

7月，惠而浦公司宣布以20亿美元收购意黛喜。克里斯、乔什和我立即给杰夫打了电话。他试图使我们平静下来。杰夫提到意黛喜的收入为35亿美元，因此该公司的收购价仅为其收入的0.57倍。他补充说，当惠而浦公司的欧洲业务与意黛喜的业务合并时，将产生约3.5亿美元的协同作用（相当于税后每股超过3美元）。两个总部将合并为一个。工厂将被合并。购买力的增加应该会使采购零件的价格下降。通过最佳的实践可以提高效率。研究和设计将得到整合。此外，约14亿美元的收入来自长期增长前景强劲的俄罗斯和东欧。2013年，惠而浦公司的欧洲业务仅实现盈亏平衡。杰夫最乐观的猜测是，当协同作用在2017年左右完全实现时，欧洲业务的营业利润率将达到7%~8%，收入将远远超过70亿美元。

我们感谢杰夫付出的时间，并动笔开始分析他的预测。我们充分意识到，让收购看起来有吸引力是他的既得利益。70亿~80亿美元收入的利润率为7%~8%，这将带来4.9亿~6.4亿美元的营业利润。为了支付这笔收购费用而额外借款20亿美元，如果利率为4%，每年的利息支出将增加8000万美元。因此，如果杰夫的预测是正确的，惠而浦公司的欧洲业务将在2017年贡献4.1亿~5.6亿美元的税前利润。按28%的有效税率和8000万股流通股计算，税后收益为每股3.70~5.00美元。

但杰夫的预测并没有实现。惠而浦公司的传统欧洲业务与意黛喜的整合被证明是一场噩梦。当管理层重新设计了许多惠而浦公司或意黛喜的电器以实现零件的通用性（从而实现规模效率）时，供应商未能交付足够数量的重新设计的零件，因此惠而浦公司的产量急剧下降。由于惠而浦公司的交货时间落后于计划，零售商开始减少分配给该公司家电的销售面积。然后，当惠而浦公司最终能够获得足够数量的零件时，它很难重新获得失去的销售面积来重获其市场份额。尽管杰夫预测，惠而浦公司的欧洲业务将在2017年为公司的每股收益贡献3.70~5.00美元，但实际上这些业务在这一年里略有亏损——并实质上在2018年和2019年无利可图。

2017年年底，杰夫·费蒂格离开惠而浦公司，马克·比泽尔（Marc Bitzer）成为新任首席执行官。马克出生在德国。他曾领导惠而浦公司的欧洲业务多年。他告诉我们与在北美做生意相比，在西欧做生意有许多缺点：政府法规的限制性更强、工会更加强大、竞争更加激烈和人口增长更加缓慢。马克表示，惠而浦公司在欧洲的业务应该会逐步改善并实现盈利，但从长期来看，利润率和回报率可能会大大落后于北美。

我会购买在世界任何地区注册的公司的股票，但我最终持有的大多数公司的总部都在美国。为什么？因为总部设在美国的公司往往面临较少的监管、较低的社会成本和较少的腐败。如果有人列出世界上具有开拓性的、管理最好的、定位最好的公司，美国公司所占的比例将非常大。每年，《财富》杂志都会委托光辉国际对全球最受尊敬的公司是哪些进行调查。光辉国际咨询了大约3500名公司高管、董事和分析师，询问他们对1500多家美国和外国大型公司的看法。在《财富》杂志发布的2021年全球最受尊敬的公司名单中，前25家公司都位于美国，50家最受尊敬的公司中有43家位于美国（苹果公司排名第一，亚马逊公司排名第二，微软公司排名第三，辉瑞公司排名第四，迪士尼公司排名第五）。调查可能存在偏差（人们必须始终质疑信息的准确性）。但我确实认为，《财富》杂志的调查结果是正确的，而且意义重大。

在过去20年左右的时间里，许多捐赠基金和其他机构投资者已经广泛分散了它们的投资组合，包括将一定比例的股票投资组合分配到不同的地区。例如，一家捐赠基金可能将其资产的35%分配给为北美股票，15%分配给欧洲股票，15%分配给新兴国家股票，35%分配给其他资产类别（即私募股权收购、对冲基金、房地产、固定收益或现金等价物）。我曾经问过一家大型捐赠基金的首席投资官，他是否认为新兴国家和欧洲的投资情况与美国一样有利。他回应道，新兴国家经济高速增长的优势被政治腐败和汇率风险抵消了很多。此外，他也认为欧洲国家面临着许多不利因素。然后我问他，为什么他的捐赠基金要向新兴国家或欧洲分配资金。他回答说，捐赠基金的资产应该多元化。我问他，为什么这些资产应该在地理上分散。他回答说，分散投资可以降低风险。我没有进一步追问这位首席投资官，但我本可以强调，由于政治和腐败，在大多数新兴国家投资风险很大。此外，投资欧洲的股票还存在汇率风险。因此，在新兴国家和欧洲进行多元化投资可能会增加风险。

我确实相信捐赠基金应该合理地分散它们的投资。但是，举个例子，如果一个简单的投资组合包含40只以美元为基础的公司的股票，并且这些公司在不同的行业中开展业务，就将提供极大的多元化，并可以实质性地避免重大的永久性损失。如果这40只股票在投资组合中的权重均等，并且其中一只股票突然变得一文不值，那么投资组合的价值只会下降2.5%。问题在于，大多数捐赠基金委员会将波动性定义为一项重大风险——他们管理捐赠基金需要降低波动性。这就是分散投资到许多市场价格彼此不相关的资产类别的原因。正如本书第一章所解释的，我不认为波动是一种风险。每次股市下跌，随后就会完全恢复，然后升至新的高度。如果2000—2002年、2008—2009年和2020年的股市暴跌从未发生，在过去50年里持续投资于普通股的捐赠基金如今的价值可能不会有什么不同。具有讽刺意味的是，通过将投资分散到倾向于杠杆化的资产类别（私募股权、房地产和许多对冲基金）中，捐赠基金可能正在增加永久性损失的风险。并且由于没有把注意力集中在一个或几个在风险回报基础上最具吸引力的资产类别上，捐赠基金正在降低它们的总体回报。

彭博编制了一份100所大型大学/学院捐赠基金的1年、3年、5年和10年业绩清单。几年前，我将这些捐赠基金的业绩与标准普尔500指数的业绩进行了比较。几乎所有的捐赠基金在每个时间段都落后于标准普尔500指数。当然，捐赠基金不应该100%投资于股票——它们应该持有一些现金等价物以提高流动性。然而，即使已经将现金等价物的回报较低这一因素考虑在内，捐赠基金的相对回报仍然平平无奇。在我看来，它们的多元化策略是它们回报平平的原因之一。多元化优势变成了劣势。

收购意黛喜令人失望,但我们没有出售惠而浦公司的股份。我们的决定是基于分析,而不是基于失望所引发的情绪。欧洲仅占该公司盈利能力的15%左右。北美地区的盈利能力占比接近75%,且公司在北美地区的业务甚至比我们最初预计的情况更好、利润更高。我们现在认为惠而浦公司2020年的每股收益将约为20.00美元。该公司的自由现金流很大。到2020年或2021年,公司的现金流和债务水平将允许公司向股东返还很大比例的收益,并且届时可能会有大规模的股票回购计划。我们继续以15倍的市盈率对该公司进行估值,因此认为其股票在2020年的价值约为300美元。在2017年和2018年,股价远低于300美元,仍然是非常有吸引力的投资,这就是我们没有出售该股票的原因。

在接下来的几年里,惠而浦公司在欧洲的业务逐渐改善,而且其在北美的利润增长甚至超过了我们的预期。2022年1月27日,该公司宣布2021年每股收益为26.59美元,预计2022年每股收益将为27.00美元至29.00美元。公告发布当天,该公司股价约为208美元。我们是在2011年年中以大约80美元的价格购买该公司的股票的。尽管该股的市盈率仅为7.8倍左右,但我们持有该股10年半的复合年回报率约为11.4%(包括我们收到的39.43美元的股息),虽然低于标准,但仍是可观的回报。我发现,如果一个投资者能够以较低的价格购买一家好公司的股票,即使严重的暂时性问题延误了公司的发展,投资者也往往能获得实质性的投资回报。在投资普通股时,价格和质量往往是成功的关键——也是晚上安眠的关键。

1月27日的公告还称,在支付股息后,公司将于2022年产生大约每股19美元的额外现金。公司表示,它将使用几乎所有这些多余的现金来积极地回购股票。假设公司用每股19美元的全部额外现金来回购股票,并假设股票价格保持在208美元,公司将减少其股票数量,从而使其每股收益增加约9%(在向管理层发行一些新股以使其行使股票期权之前）。对于那些以相较于其自由现金流股价较低的公司来说，这是一个很好的属性——即使公司的收入增长缓慢，股票回购也可以推动实质性的每股收益增长。

在1月27日的公告发布后，我们重新分析了惠而浦公司的基本面，并得出结论，该公司2023年的盈利能力应该在每股31.00美元左右。我们仍然认为该股的市盈率为15倍，2023年的股票价值为465美元。此前，该公司股票的市盈率不到10倍。该股的市盈率会接近15倍（或者有希望超过15倍）吗？我的经验是，一家公司的股票价格最终会反映其价值——至少在大多数时候是这样。我们都等不及了。

第 11 章

波音公司

当我对一家公司感兴趣时，我通常喜欢阅读该公司的历史。谁创办了这家公司？为什么，又是怎么创办的？该公司的行业是如何形成的？历史可以是知识性的，有趣的，有时是娱乐性的。在我看来，我们投资组合中的股票就是我职业生涯中的家庭成员——如果不先了解一个女朋友的背景，见过她的父母，我是不会欣然娶她的。

从最早有记载的历史开始，我们就有证据证明人类对飞行感兴趣，尤其是对鸟类的飞行。如果鸟能飞行，为什么人不能呢？想象力发挥了作用。在希腊神话中，代达罗斯用蜡把鸟羽毛做的翅膀粘在他的儿子伊卡洛斯身上。代达罗斯的装置是有效的，但是伊卡洛斯不听话飞得离太阳太近，太阳的热量使蜡融化，造成了极其恶劣的后果。许多个世纪之后，公元852年，一个叫阿尔门·菲尔曼（Armen Firman）的人试图模仿飞行中的鸟。他用秃鹫的羽毛做了两个翅膀，把翅膀绑在手臂上，"飞"出了西班牙科尔多瓦的一座塔，并迅速迫降，在这个过程中，他的背部受伤。然后，在1010年，一位英国修道士试图从马姆斯伯里修道院的一座塔上飞行。他的两条腿都摔断了。1496年，一个名叫塞西奥的人没有被吓倒，他试图从德国纽伦堡的一座塔上飞下来。他摔断了两只胳膊。因此，蜡制扣件和跳塔对人类飞行的推进作用不大。

列奥纳多·达·芬奇（Leonardo da Vinci）的确推动了飞行科学的发展。在研究了鸟类的飞行后，他设计了许多可能奏效的飞行器，包括各种滑翔机、旋翼飞机和降落伞。1496年，达·芬奇真的造了一架滑翔机。然而，这种滑翔机从未经过测试，所以人类飞行仍然是一个未实现的梦想。

17世纪早期，当伽利略证明空气有重量时，人类离飞行更近了一步。如果空气有重量，那么人类可以用轻质材料制造一个空心球体，将空气抽离球体，从而创造出一种比空气还轻的交通工具，就可以飞向天空。这种交通工具被称为气球。用轻质材料制成的气球内部很难形成真空，但如果气球内部充满热空气（比室温空气轻），人类最终就能造出会飞的装置。1708年8月8日，巴西牧师巴托洛梅·古斯芒（Bartolomeu de Gusmão）用纸做了一个小气球，把气球的开口端放在火上，在葡萄牙皇室成员的围观下，将气球升到超过3米的空中。

在接下来的75年里，气球技术发展缓慢，但在1783年急剧加速——这是利用比空气还轻的气体来飞行的飞行工具成功和普及的爆发之年。1783年6月4日，拥有一家造纸厂的法国兄弟约瑟夫–米歇尔·孟戈菲（Joseph-Michel Montgolfier）和雅克–艾蒂安·孟戈菲（Jacques-Étienne Montgolfier）在一个以丝绸作为内衬的大型纸制气球下点燃了一团火焰，在一大群旁观者面前，将气球升到了1800多米的空中。9月19日，孟戈菲兄弟在凡尔赛宫使用一只热气球载着一只羊、一只公鸡和一只鸭子飞行了8分钟，法国国王路易十六（King Louis XVI）、王后玛丽·安托瓦内特（Marie Antoinette）、大部分法国宫廷成员以及数万名好奇的旁观者都在观看。

就在孟戈菲兄弟努力研究热气球的同时，法国教授雅克·查尔斯（Jacques Charles）和罗伯茨兄弟（Roberts Brothers）也在忙着设计和建造一个氢气球。1766年，亨利·卡文迪许（Henry Cavendish）发现了比空气还轻的气体——氢气。雅克·查尔斯认为氢气球要比热气球优越得多。但首先，必须发明一种气密材料。这种材料是雅克·查尔斯和罗伯茨兄弟开发出的一种气密橡胶丝。这种橡胶丝是通过将橡胶溶解在松节油中，然后将溶液涂在丝绸上制成的。1783年8月，雅克·查尔斯和罗伯特兄弟制作了一个橡胶丝气球，将气球充满氢气，并从巴黎战神广场（现在是埃菲尔铁塔的所在地）放飞。包括本杰明·富兰克林（Benjamin Franklin）在内的一大群人在现场观看了这次放飞。解开绳子后，气球上升并向北飞行，后面跟着几十名骑马的追逐者。当气球降落在约21千米外的戈内斯村时，当地村民非常害怕这个奇怪的、看起来像外星人的物体，他们用干草叉攻击它，为一次光荣的、历史性的飞行画上了不光彩的结尾。

既然一只羊、一只鸭子和一只公鸡已经飞行了，孟戈菲兄弟急于进行一次载人飞行。10月19日，在一次试飞中，3名法国人成功地乘坐一个仍系在地面上的气球升入空中。接下来，是载人自由飞行的时候了。起初，国王路易十六建议将死刑犯作为危险的第一次自由飞行的小白鼠，但科学家让-弗朗索瓦·皮拉特尔·德罗齐埃（Jean-François Pilâtre de Rozier）和弗朗索瓦·阿尔兰德（François d'Arlandes）侯爵自愿成为先驱。11月21日，一个载着这两名法国人的气球从巴黎市中心起飞，上升到约152米的高度，在20分钟内飘浮了约8千米，然后着陆。这次载人飞行被认为是一个激动人心的历史性事件。本杰明·富兰克林目睹了这次飞行后，在他的日记中写道："我们观察到它以最壮观的方式升空。当它到达约76米的高空时，勇敢的旅行者们摘下帽子向观众致敬。我们不禁升起一种敬畏和钦佩之情。"

在11月21日的载人飞行成功之后，一股气球热潮席卷了法国。餐盘上装饰着气球的图案，椅子和时钟的表盘也是如此。气球成为镇上和整个欧洲的热门话题。

18世纪末和19世纪初的热气球和氢气球是有趣和流行的新奇事物，但在很大程度上是不切实际的东西，因为它们要靠风从一个地方飘到另一个地方。1852年出现了一个重大突破。这一年，亨利·吉法德（Henri Giffard）设计了一种非刚性的、可操纵的氢气飞艇，这种飞艇由一台3马力的蒸汽机和一个三叶螺旋桨提供动力。9月24日，吉法德在从巴黎到特拉普的约27千米旅程中首次完成了有动力装置的、可控的飞行。但是在飞艇上安装蒸汽机是不方便的，3马力的发动机最多只能够抵御微风。因此，吉法德的飞艇虽然是一种进步，但还不是空中旅行的真正解决方案。

在接下来的几十年里，迈向实用载人飞行的进程缓慢但稳定。1884年，一名法国陆军上尉兼上校驾驶电力驱动的拉－法兰西飞艇（现在称为飞船），以每小时约6.4千米的速度环形飞行了约8千米，其中包括一个逆风段和一个顺风段。拉－法兰西飞艇的8.5马力电动发动机由重约450千克的氯离子电池提供动力。由于重量大，且电池容量有限，拉－法兰西飞艇并不是商业载人飞行的最终答案。

1872年，德国工程师保罗·亨莱因（Paul Haenlein）设计了一架约50米长的飞船，由一个内燃发动机驱动，螺旋桨直径约4.6米。这台发动机是用煤气作为燃料的。12月13日，亨莱因的飞船在德国布吕恩成功测试。对内燃发动机驱动的飞船进行的其他测试在19世纪80年代和90年代继续进行。到19世纪90年代末，人们很明显地意识到，在商业上成功的、由内燃发动机驱动的可操纵飞船是可以被设计和生产出来的。但是，就像罗伯特·弗罗斯特（Robert Frost）的一首诗所写的，当19世纪即将结束时，天空"至少到目前为止，在民众的大惊小怪中，仍然很受欢迎"。

然后，在20世纪初，斐迪南·冯·齐柏林伯爵（Count Ferdinand von Zeppelin）成功地测试了一架约117米长的可操纵飞船，它可以以接近每小时

32千米的速度在几百至上千米的高空飞行数百千米。1874年，在听了一场关于使用飞船运送邮件这一设想的演讲后，伯爵对载人航空旅行的概念产生了兴趣。1890年从军队退役后，伯爵开始设计一种坚固耐用的、可靠的刚性架构飞艇。第一架"齐柏林飞艇"于1890年7月2日在德国康斯坦斯湖上空进行了测试。虽然第一次测试和随后的许多测试都因问题而中止，但到1909年，齐柏林飞艇已经准备好进行商业飞行。伯爵随后成立了一家航空公司（通常被称为DELAG），并开始提供一次最多可容纳20名勇敢乘客的飞行。商业航空由此诞生。

然而，齐柏林飞艇在空中旅行中的应用很快就被商业化的、重于空气的飞行所取代。虽然许多科学家都在研究重于空气的飞行器如何有朝一日实现商业化飞行，但许多人认为，布朗普顿第六代准男爵乔治·凯利爵士（Sir George Cayley）才是真正的飞机之父。1773年，凯利爵士出生于一个富裕的家庭，后来他成为一名发明家和工程师。人们认为，是他发明了自扶正救生艇、铁路交叉口的自动信号、安全带、以火药为燃料的内燃机和几种"飞行器"。他最重要的航空成就包括：

1. 对鸟类如何飞行的科学理解；

2. 阐明一个弧形机翼如何能够提供足够的升力来抵消重力；

3. 增进对推力和阻力的理解；

4. 滑翔机的设计，包括机翼、机身和带有水平稳定器和垂直尾翼的尾部。

1848年，他制造并测试了一架大到可以搭载一个孩子的滑翔机，5年后，他又制造了一架大到可以搭载一个成年人的滑翔机。第一次载人滑翔机飞行发生在布朗普顿戴尔的一个斜坡草地上，距离凯利的布朗普顿庄园大约有1.6千米。滑翔机被抬到斜坡的顶部，一名"飞行员"（凯利的马车夫之一）爬上了滑翔机，然后工人们抓起绑在滑翔机上的绳子，开始把它拖下斜坡，直到它升到空中。这架滑翔机穿过一个小山谷，飞行了大约180米后迫降。

凯利爵士曾帮助证明，把一个固定的弧形机翼附在机身上，可以提供足够的升力让人在空中飞行。现在，如果发动机驱动的螺旋桨可以用来提供驱动滑翔机前进所需的推力，滑翔机就可以变成飞机。1896年，美国科学家兼发明家塞缪尔·皮尔庞特·兰利（Samuel Pierpont Langley）设计了这样一架飞机，并将其命名为"飞机场5号"。1834年，兰利出生于马萨诸塞州的罗克斯伯利。他就读于波士顿拉丁学校，9岁时开始阅读天文学书籍。兰利当过学徒建筑师和望远镜制造者，起初他工作不顺，后来他接受了哈佛大学天文台助理的工作。这使得他后来得到了在其他天文台工作的机会，在那些天文台工作时，他研究并推进了天文学。1886年，美国国家科学院授予他一枚奖章，以表彰他对太阳物理学的贡献，特别是对太阳黑子的理解。一年后，他被任命为史密森学会的第三任秘书，这是一种荣誉，也是对他能力的认可。

19世纪80年代，兰利对航空学产生了兴趣。他首先试验了由橡皮筋驱动的飞机。但是，他很快就放弃了橡皮筋，改用小型蒸汽机，这对航空的未来来说是极其幸运的。1896年5月6日，兰利将无人驾驶的、由蒸汽机驱动的"飞机场5号"安置在弗吉尼亚州匡提科附近的波托马克河上——在一艘船屋屋顶上。为了提供必要的初始推力，"飞机场5号"被连接到一个由弹簧驱动的弹射器上。当弹射器被释放时，"飞机场5号"以每小时约40千米的速度飞行了900多米，然后落在了河里。同一天进行的第二次试验也取得了成功。然后，在11月28日，同样无人驾驶的"飞机场6号"飞行了大约1.5千米。亚历山大·格雷厄姆·贝尔（Alexander Graham Bell）见证并拍摄了这次测试。

在这些飞行测试获得成功与大力宣传的鼓舞下，兰利全速前进。在美国政府的资助下，他设计并成功测试了由52马力内燃机驱动的"飞机场"飞机后续型号。最后，经过几年的设计和测试，兰利已经准备好对一架"飞机场"

飞机进行载人测试。1903年10月7日，毕业于康奈尔大学的机械工程师查尔斯·M. 曼利（Charles M. Manley）试图驾驶"飞机场"飞机离开其停靠的船屋，但机翼夹住了弹射器，飞机坠入了波托马克河。幸运的是，飞行员曼利没有受伤。之后，在12月8日，曼利爬进"飞机场"飞机进行第二次测试。这一次，飞机刚离开弹射器就解体了。曼利没有受伤。经过研究，兰利得出结论，"飞机场"飞机对于52马力的发动机来说太脆弱了。

在第二次"飞机场"飞机事故发生9天后，莱特兄弟在北卡罗来纳州的基蒂霍克成功驾驶"基蒂霍克飞行者1号"创造了历史。威尔伯·莱特（Wilbur Wright）和奥维尔·莱特（Orville Wright）出生在美国中西部，当时工业革命激发了人们对科学和实验的超乎寻常的兴趣。1878年，莱特兄弟的父亲带了一架玩具直升机回家让儿子们玩。这架直升机大约有0.3米长，由纸、竹子和软木制成。一根橡皮筋为它的旋翼提供动力。男孩们被直升机迷住了，一直玩到它坏了。然后，他们制造了一个复制品。多年以后，威尔伯和奥维尔声称玩具直升机激发了他们对飞行的兴趣。

威尔伯和奥维尔都上过高中，但都没有读完。奥维尔于1889年辍学，设计了自己的印刷机，不久，这对具有创业精神的兄弟开始出版一份周报《西区新闻》（*West Side News*），威尔伯担任编辑。3年后，这对兄弟对现代"安全自行车"发明后不久席卷全国的自行车热潮产生了兴趣。兄弟俩在俄亥俄州的代顿开了一家自行车销售和修理店，后来开始制造自己的品牌，名为莱特自行车公司。再后来，在19世纪90年代末，报纸上有关兰利飞行实验的报道激发了兄弟俩的兴趣，他们想要自己设计一架飞机。1899年5月，威尔伯给史密森学会写了一封信，要求获得有关飞机的出版物和信息。然后，利用达芬奇、凯利、兰利和其他人的发现，兄弟俩开始设计飞机。

从一开始，莱特兄弟就确信，利用现有的升力和推力知识足以成功飞行，但控制飞行的问题还没有解决。根据对鸟类和自行车的观察，兄弟俩提出了飞机在转弯时应该倾斜的概念。这一概念带来了可变形状的机翼设计，从而允许飞机转弯。他们还发明了其他方法和设备，使得飞行员可以控制飞行，如使用方向舵消除不利的偏航。从1900年年中到1902年秋天，这对兄弟用他们的新方法控制飞行，进行了700多次滑翔机试验。数百次成功的测试使兄弟俩相信，他们现在已经准备好制造一架动力飞机了。1903年年初，"飞行者1号"在一个风洞中制造并测试。在为"飞行者1号"寻找一个高效的轻型发动机失败后，兄弟俩请他们店里的机械师查理·泰勒（Charlie Taylor）制造了一个发动机。泰勒制造的发动机额定功率为12马力，远低于塞缪尔·兰利的"飞机场"飞机的52马力发动机。

到了12月，"飞行者1号"已经准备好飞行了。12月13日，威尔伯作为飞行员进行了一次飞行尝试，但发动机很快熄火，飞机只飞行了3秒。在修复了轻微损坏后，他们于12月17日又进行了一次尝试。上午十点半，在奥维尔的驾驶下，飞机成功地在12秒内飞行了约36.5米。有5人目击了这次飞行，其中包括约翰·丹尼尔斯（John Daniels），他拍摄了飞机飞行的照片。当天还进行了另外3次载人飞行，奥维尔和威尔伯轮流担任飞行员。在第4次尝试中，飞机在59秒内飞行了约260米。莱特兄弟即将成名。

在1904年到1908年间，兄弟俩致力于提高飞机的可靠性和机动性。1908年8月，威尔伯在法国勒芒附近的珲努梯艾尔赛马场进行了包括8字飞行在内的一系列具有技术挑战性的飞行。数千人前来观看。法国人最初对莱特兄弟的成就持怀疑态度，但在珲努梯艾尔的试飞活动之后，法国人把莱特兄弟视为英雄。法国著名飞行员路易斯·布莱里奥（Louis Blériot）写道："长期以来，莱特兄弟的事迹都在欧洲被指责为虚张声势……但今天，他们在法国被奉为圣人。"莱特兄弟和整个航空业都成了头版新闻。

在接下来的几年里，不断有"第一次"出现。1909年，第一位女士（德拉罗什男爵夫人）学会了驾驶飞机。1910年，一名美国海军飞行员驾驶柯蒂斯飞机从一艘船的甲板上起飞。也是在1910年，亨利·法布尔（Henri Fabre）成为第一个驾驶水上飞机的人。1912年，哈里特·昆比（Harriet Quimby）驾驶一架布莱里奥单翼飞机飞越了英吉利海峡。1914年，第一次空战发生了，盟军和德国飞行员用手枪和步枪相互射击（这次射击没有多大效果）。

1914年7月4日，在华盛顿州西雅图发生的一次飞行在航空史上留下了重要的一笔。在那一天，一位名叫泰拉·马罗尼（Terah Maroney）的特技飞行员被雇来进行飞行表演，作为西雅图独立日庆祝活动的一部分。马罗尼驾驶他的柯蒂斯水上飞机表演完特技飞行后，提出向观众提供免费空中飞行体验。一位名叫威廉·爱德华·波音（William Edward Boeing）的观众，同时也是一家木材公司的富有老板，很快就接受了马罗尼的提议。波音对这次飞行感到非常兴奋，他完全成了一名航空迷——这种着迷伴随了他的余生。

威廉·爱德华·波音于1881年出生于底特律，父母分别是威尔海姆·波音（Wilhelm Boeing）和玛丽·波音（Mary Boeing）。波音20岁时从德国移民到美国，成为一个富有的林场所有者和经营者。年轻的波音在瑞士的寄宿学校度过了他的大部分青春时期。后来他在耶鲁大学学习，但在毕业前就离开了，在华盛顿的格雷斯港创办了自己的伐木公司。

波音第一次对飞机产生兴趣是在1910年参加洛杉矶的一次航展时。从航展回到西雅图的家中后，他找到朋友乔治·康拉德·韦斯特维尔特（George Conrad Westervelt），谈论制造飞机的可能性。韦斯特维尔特是一名海军军官兼工程师，曾在麻省理工学院学习航空学。最初的讨论只是初步的。然而，在1914年波音与马罗尼的那次飞行之后，双方的讨论变得严肃起来，并决定进入飞机制造行业。韦斯特维尔特将设计一架单引擎水上飞机，波音将为其提供资金和"制造工厂",最初这个工厂是波音拥有的在联合湖上的一个船库。

1915年,韦斯特维尔特开始着手设计一架飞机,而波音则前往加利福尼亚州,向先驱飞行员格伦·马丁(Glenn Martin)学习飞行课程。韦斯特维尔特设计的第一架飞机是一架名为"B&W"的双座水上飞机,准备好在1916年春末试飞。6月15日,在波音的驾驶下,飞机滑行穿过联合湖的一部分,加速并庄严地升入天空。首飞以及6月晚些时候的后续飞行证实,这架飞机在技术上取得了成功。到7月,波音准备开始大规模生产B&W飞机。他成立了一家名为太平洋航空产品公司的企业来制造和销售飞机。美国海军显然是B&W的早期目标,但海军拒绝了波音,而是坚持使用更成熟的柯蒂斯水上飞机。波音没有气馁,最终向新西兰飞行学校出售了两架飞机。于是太平洋航空产品公司(1917年更名为波音飞机公司,1961年更名为波音公司)开始正式营业。

在航空学发展的早期,技术进步很快。1916年年底,波音设计了一种改进型水上飞机,称为C型飞机。C型飞机准备在1917年4月上市,同月美国加入第一次世界大战。波音认为海军现在可能需要教练机。他是对的。海军订购了两架C型飞机,并将它们运往佛罗里达州彭萨科拉的海军航空站。这两架飞机表现非常好,海军又订购了50架。该订单让波音公司名声大噪。

波音公司的业务在战争期间蓬勃发展,但不出所料地在停战后急剧下滑。为了应对市场下滑,该公司设计了一款商用飞机。钓鱼爱好者对进入美国西北部许多孤立的湖泊很感兴趣。波音公司设计了一种小型水上飞机(称为"B-1")来满足这一需求,但最初只卖出了几架。第一次世界大战结束后,人们对航空学的兴趣减弱了。

然而,当查尔斯·林德伯格(Charles Lindberg)于1927年高调宣传"圣路易斯精神号"跨大西洋飞行后,人们对空中飞行的兴趣迅速升温,波音最终卖出了13架B-1。13架并不是一个很大的数字，但在那个时代是一个值得尊敬的数字，因为在20世纪20年代，航空旅行是一种并不舒适的新鲜事物。飞机机身是不绝缘的薄金属片，经常嘎嘎作响。乘客们经常用棉花塞住耳朵，以降低发动机噪声的影响。机舱没有增压，所以飞机必须绕山飞行。夜间飞行也是不安全的。即使在20世纪20年代末，旅客乘火车穿越美国的速度也比乘飞机快（而且舒适得多）。1926年，只有6000名美国人乘坐商业客机旅行。

波音公司在20世纪20年代和30年代初向军方出售了大量的飞机，但直到1933年该公司开始销售247飞机之前，商用飞机的销售几乎不存在。双引擎247飞机的发明是革命性的，通常被认为是世界上第一架现代飞机。它能搭载10名乘客和3名机组人员。它的巡航速度为每小时约304千米，在需要加油之前可以飞行约1200千米。这是第一架用于纽约和西海岸之间定期航班的飞机，飞行时间为20个小时，经停7站。在波音公司用更大型号的平流层307客机取代247飞机之前，247飞机已经售出了75架。平流层307客机能容纳33名乘客和5名机组人员。它可以以每小时约354千米的速度巡航，航程约为3846千米。重要的是，这种平流层307客机有一个增压舱，所以它可以在山脉和湍流之上飞行。平流层307客机本该是赢家，但直到1938年的最后一天，这架飞机才进行了首飞，而第二次世界大战在这架飞机定型之前就开始了。平流层307客机只建造了10架。

波音公司帮助盟军打败了德国。波音B-17飞行堡垒轰炸机和B-29超级堡垒轰炸机成为传奇。总共有12500多架B-17轰炸机和3500多架B-29轰炸机被制造出来（一些是波音公司自己制造的，一些是其他有闲置产能的公司制造的）。波音公司在第二次世界大战期间繁荣发展，但在战争结束后，美国空军立即取消了数千架飞机的订单，波音公司被迫将其雇员人数减少了7万人，并努力重新转向商业航空。该公司随后将B-29轰炸机重新设计为一种四引擎的远程商用飞机，命名为"377巡洋舰"，并于1947年年中首飞。然而，平流层377巡洋舰很快就被一项破坏性的技术淘汰了：喷气发动机。1949年年中，德哈维兰飞机公司开始测试其彗星喷气式客机，3年后，该客机开始搭载付费乘客。很明显，波音公司必须做出回应了。它确实做到了。波音公司于1952年开始研制707喷气式飞机，2年后开始测试，1958年开始商业飞行。707喷气式飞机大受欢迎，很快成为世界领先的商用飞机。

在接下来的30年里，波音公司成长为一家非常成功的大型公司。它推出了许多广受欢迎的商用飞机型号，涵盖了广泛的功能，并成为生产高科技军用飞机和航空系统的领导者。此外，在1996年和1997年，该公司通过收购北美航空公司和麦克唐纳·道格拉斯公司大幅扩大了其生产规模和生产能力。从1960年到2000年，波音公司的收入从15.6亿美元增加到513.2亿美元，净利润从2500万美元增加到21.28亿美元。

20世纪90年代，波音公司意识到它需要为老化的767飞机寻找替代品。最初，该公司考虑了两种替代品。第一种是一款飞行速度略低于声速的飞机，其燃油效率与767飞机相当。第二种是747飞机的放大版，可以与空中客车公司计划生产的A-380飞机正面竞争。然而，在2002年，波音公司放弃了这两种选择，转而选择一种轻质的、碳复合材料制作的、节油的飞机，这种飞机可以减少20%的燃油消耗，而不是实现更高的速度或更大的容量。拟议中的新机型被命名为"787梦想飞机"。波音公司在2003年年底确定了新飞机的基本概念。4个月后，日本全日空航空公司成为787飞机的第一个客户，订购了50架飞机。截至2005年年底，共收到288份订单。大量的早期订单证实了市场对新型节油飞机的需求。

787飞机使用了许多新技术。此前从未在商用飞机的结构中使用过的坚固轻便的碳纤维复合材料约占787飞机主要结构（包括机身和机翼）的50%。还有很多其他的"第一次"。例如，机身的每个部分都是一块包裹的复合材料。在以前的波音飞机上，每个部分由大约1500块铝板组成，由4万多个紧固件连接在一起。此外，787飞机还配备了新的液压系统、新的发动机、新的起落架、新的电子控制系统、新的航空电子设备和新的锂离子电池。它由230万个零件制造而成。尽管这种飞机新颖而复杂，但波音公司希望将研制时间从通常的6年缩短到4年，并计划在2007年8月进行首次试飞。

然而，在2007年1月，787飞机项目开始落后于计划。供应商延迟交付零件，一些紧固件安装不当，机翼的部分需要重新设计，一些软件不完整。最终，在2009年12月15日，一架787飞机在华盛顿州埃弗雷特的跑道上滑行，并起飞进行了3个小时的首次试飞。在接下来的近两年里，波音公司对787飞机进行了广泛的测试，发现并纠正了许多"漏洞"。许多投资者批评波音公司出现这些漏洞，但我既同情又理解。在我看来，波音公司在一架新设计的飞机上装配230万个零件而不产生严重问题这一假设是不合理的，特别是在许多结构和系统都采用了新的先进技术的情况下。

2011年9月27日，即大约3年后，全日空航空公司接受了第一架787飞机的交付。30天后，经过测试和训练，这架飞机投入商业服务，满载乘客从东京飞往中国香港。全日空航空公司拍卖了首次商业航班的机票，出价最高的人为一个座位支付了3.4万美元。

但787飞机仍然遇到了启动问题。2012年2月6日，波音公司表示在机身部分发现了制造缺陷。2012年7月23日，5台罗尔斯－罗伊斯公司生产的发动机被发现存在缺陷。5天后，一架787飞机的发动机在测试中出现故障。9月5日，全日空航空公司在左发动机冒出白烟后被迫取消起飞（白烟是由液压系统故障引起的）。12月5日，美国联邦航空管理局（FAA）在接到燃油泄漏报告后下令对所有787飞机进行检查。

2012年年底，媒体和华尔街普遍对波音公司存在的众多问题提出了严厉的批评。在阅读了这些批评之后，我推断，这种负面情绪可能会拖累波音公司的股价，一旦飞机启动问题得到解决，股价可能会大幅上涨。我决定对这家公司进行调查和分析。

我从波音公司的资产负债表开始调查。我很快注意到，即使在787飞机的研发上投入了200多亿美元的现金，该公司的现金还是多于负债。然而，该公司确实存在巨额养老金和医疗负债——230亿美元，而5年前只有82亿美元。在购买该公司的股票之前，我需要分析资产负债表中这230亿美元的负债，但首先我要分析该公司的其他关键基本面。

波音公司有两个业务：商业航空和国防。大型商用飞机的生产是双头垄断的，有几乎难以逾越的进入壁垒，生产787飞机所需的技术和生产前成本就是明证。哈佛商学院德高望重的教授迈克尔·波特（Michael Porter）指出了决定一家公司长期盈利能力的5种因素。波音公司的商用航空业务出色地通过了波特的5因素测试：

1. 新进入者的威胁。要想开发和测试能够与波音公司和空中客车公司的大型飞机竞争的飞机，一个新进入者将需要几十年的时间和数百亿美元的资金。此外，新进入者需要赢得航空公司和众多乘客的信任。

2. 替代品的威胁。我无法想象高速火车或轮船，或任何未来的新旅行方式，会在不久后减少人们对航空旅行的需求。

3. 对供应商的议价能力。波音公司是其许多供应商的重要客户，它可以选择让供应商相互竞争。它可以告诉供应商，除非降价，否则其未来的生意就会被竞争对手夺去。因此，波音公司在谈判价格时具有很大的议价能力。

4. 对客户的议价能力。这些航空公司可以也确实在同时向波音公司和空中客车公司寻求报价。然而，波音公司的一些型号有时更适合特定的需求。

特别是，波音公司的777飞机似乎比空中客车的长途宽体飞机更有优势。而且，重要的是，由于燃油效率高，787飞机具有竞争优势。尽管787飞机存在种种问题和负面宣传，但截至2012年12月，波音公司还是接到了共799架787飞机的订单，价值约1000亿美元。总的来说，商用飞机业务是具有竞争性的，但这种竞争性是有限的。飞机远非一种普通商品。

5. 竞争程度。波音公司和空中客车公司当然是竞争对手，但两家公司都有大量的积压订单，可以缓解残酷的竞争。2012年12月，波音公司有大约4300架飞机未交付，按照其2012年交付的601架飞机计算，相当于7.1年的产量。

波音公司也拥有经验丰富、才华横溢的管理层，在航空公司和众多乘客中享有良好的声誉。此外，由于对新飞机的巨大需求，波音公司的年产量预计将从2012年的601架增加到2015年的750多架。公司的商业业务蒸蒸日上。

然而，波音公司的国防业务并不出众。美国政府正在控制国防开支。本国需求下降的一部分被外国政府需求的增加所抵消，但总的来说，波音公司的国防收入在2012年至2015年可能会略有下降。然而，波音公司正在削减成本，以至于国防业务的利润可能保持不变，甚至有所增加。

基于前面的初步分析，我建立了波音公司未来收益的模型。初步模型得出的结论是，该公司2015年的每股收益至少为7美元。当时的股价约为75美元，不到每股7美元的11倍，对于这样一家实力雄厚、地位良好的公司来说，市盈率非常低。因此，我受到了启发，开始深入研究波音公司的基本面。

在对波音公司进行了几周的研究并思考了该公司可能的未来情况之后，我决定建立一个更详细的公司每股收益模型。该模型将包含：（1）2015年波音公司每种型号的商用飞机的收益估计；（2）国防业务部门2015年的收益估计；（3）包括研究费用、养老金和净利息在内的营业外支出的预测；（4）预期有效税率；（5）预计流通股数量。

在计算其商用飞机的利润时，波音公司使用"程序"会计。在程序会计中，波音公司首先对给定型号的飞机将建造多少架进行保守估计。这一数量被称为区块规模。然后，对于该区块中的飞机，波音公司估算其将售出的平均价格和每架飞机的预期平均成本。因此，除了在区块规模、估算的平均价格或成本上有重大调整的年份，一个区块中每架飞机报告的盈利能力每年都是相对恒定和可预测的。我对波音公司每种型号飞机的盈利能力都有比较准确的估计，因此，通过了解每种型号飞机的预计生产率，我可以估算出它们2015年的利润。我注意到，787飞机预计在2015年只能实现微利。我得到的最好信息是，一架787飞机的平均价格约为1.25亿美元，而生产前1100架飞机（最初的区块规模）的平均预期现金成本略高于1亿美元，这意味着每架飞机的现金利润不到2500万美元。波音公司已经将超过200亿美元的787飞机设计和生产前成本资本化，这200多亿美元将摊销到1100架飞机上，每架飞机约2000万美元。因此，我估计，虽然每架787飞机的平均现金利润接近2500万美元，但报告的平均利润只有大约300万至400万美元。波音公司2015年787飞机的产量预计为120架。因此，其2015年787飞机的营业利润估计仅为3.6亿至4.8亿美元，即税后每股仅为0.30至0.45美元。

然后，我预计波音公司国防业务部门的利润将保持相对平稳。由于787飞机已投产，研发费用将有所下降，利息费用也将保持平稳。

下一步是仔细研究养老金支出。波音公司使用一般公认会计原则（GAAP）编制其收益表。根据一般公认会计原则，在计算养老金负债和养老金费用时，未来负债会被贴现以反映时间价值。所使用的贴现率是债券长期利率的函数。2008年至2012年间，长期利率下降了约2.25%。这意味着波音公司报告的养老金负债和养老金费用大幅增加。2012年年底的利率水平较低，但我坚信，这是异常的，且可能不会持续下去。因此，波音公司的资产负债表高估了养老金负债，收益表低估了报告的收益。未来利率每上升1%，波音公司的养老金负债和养老金费用就将分别减少91亿美元和9.3亿美元。因此，如果利率恢复到2008年的水平，波音公司的养老金负债和养老金费用将分别下降约200亿美元和20亿美元。

在得出这个结论之后，我不再担心该公司养老金负债的规模，我确信该公司报告的收益被低估了，因为为养老金义务提供资金的真实经济成本远低于在一般公认会计原则下报告的成本。其他许多公司在养老金会计方面也经历了同样的差异，很多已经开始报告非一般公认会计原则下的收益，该收益调整了养老金费用以反映经济成本。波音公司也会开始公布非一般公认会计原则下的收益吗？我不知道。但我决定，我的模型需要包括对2015年每股收益的两个估计，一个基于一般公认会计原则的，一个基于养老金计划的经济成本的。

在预测了波音公司的实际税率和稀释后的股份数量后，我再次检查了我的模型的合理性。基于模型中的假设（这似乎是合理的），我得出的结论是，波音公司2015年在一般公认会计原则下和非一般公认会计原则下的收益可能分别约为每股7.50美元和8.25美元。

接下来，我得给股票估值。2015年，该公司预计总收益的三分之二将来自商业航空业务，剩下的三分之一来自国防业务。我认为波音公司的商用航空业务具有不同寻常的吸引力，市盈率接近20倍（我最终确定为19倍）。国防业务可以分为两个部分：（1）向美国政府销售，我认为这是一项低于平均水平的业务；（2）向外国政府销售，我认为这是一项高于平均水平的业务。总的来说，我对国防业务的估值是15倍的市盈率，因此整个公司的市盈率约为17.7倍。我确信，17.7的市盈率应该适用于非一般公认会计原则下的预期收益，因此，2015年波音公司的股票价值可能在145美元左右。

145美元的估值与目前75美元左右的股价相比显得很有吸引力。然而，在购买股份之前，我必须考虑到787飞机可能出现无法解决的问题这一风险。这架飞机已经进行了近两年的测试，获得了美国联邦航空管理局的批准，并投入商业服务。过去，波音公司以工程为导向的管理可以成功解决技术问题。但是，如果最近困扰这架飞机的许多问题不仅仅是正常的启动问题，而且这些问题无法解决，导致大量订单被取消怎么办？如果一两架飞机因为之前没有预料到的问题坠毁了怎么办？根据所有已知信息，我得出787飞机项目被迫放弃的可能性似乎很小，但后果会是什么呢？后果之一将是波音公司的声誉遭受到严重打击。然而，与波音公司的资产负债表实力相比，取消该项目的现金费用可能不会很大。787飞机预计在2015年仅占波音公司总收入的18%，占其利润的4%至5%。波音公司的股价可能会在宣布787飞机存在非常严重的问题后大幅下跌，但该公司2015年的非一般公认会计原则下的预期收益仍将超过每股7.50美元。因此，对于支付约75美元购买该股票的股东来说，似乎有很大的安全边际。

2012年12月和2013年1月初，我们在波音公司的股票中建立了大量头寸。1月7日，就在我们还在购买股票的时候，停在波士顿洛根国际机场的一架无人的787飞机电池起火了。随后，在1月16日，全日空航空公司一架787飞机在电池起火后紧急着陆。第二次火灾发生后，美国联邦航空管理局下令停飞所有787飞机，波音公司的股价立即下跌了3.4%，跌至74.34美元。

1月17日，星期四，我接到了一位投资经理的电话。他正在出售他的波音公司股份，因为他担心，如果787飞机出现严重问题，他的客户会批评他在飞机可靠性出现警告信号后，仍不明智地坚持持有波音公司的股份。我试图说服那位经理，即使787飞机确实出现了持续且严重的问题，波音公司其他机型的生产业务仍然蓬勃发展，因此，该公司股票有很大的安全边际。我的分析被无视，另一位经理也卖掉了他所有的持股。大多数投资经理都有两个目标：（1）从投资中获得良好的回报；（2）让客户满意。我只有一个目标：赚取高回报。如果我能获得高回报（并且无须承担永久性损失的巨大风险），那么我的客户可能会很高兴。如果客户出于任何与意志不坚定有关的原因而不高兴，那么他选择离开格林黑文去找另一个投资经理，我也会很高兴。

在2012年2月和3月期间，波音公司努力将787飞机上的锂离子电池密封起来，这样未来发生任何火灾都不会损坏飞机外壳外的部件。这一计划似乎满足了美国联邦航空管理局的要求，4月19日，它取消了禁飞令。波音公司的股价于1月29日跌至73.65美元的最低点，在2月保持在70美元左右，然后在3月开始升值，当时电池问题似乎即将得到解决。4月19日，该股收于87.96美元。6个月后，该股价格达到122.52美元。

这位投资经理在1月中旬以大约75美元的价格出售了他的股票，他犯了一个很大的错误。在我看来，在投资业务中，拥有证券是有风险的，但不碰报酬风险比高的证券也是有风险的。不持有被低估的证券的风险是一种机会成本。一个极端的例子是，一位投资经理只为他的客户购买国库券。在扣除税收并考虑到通货膨胀因素后，只持有国库券的客户，他们的实际财富会随着时间的推移大幅缩水。然而，如果投资经理为他的客户购买了波音公司的股票，客户将获得巨额利润，这将有助于保护他们的原始资本，使其免受未来任何无利可图的投资的损失。如果一名投资者将75美元的初始投资变成122美元，那么他可以在最初75美元的投资缩水之前承担47美元的未来损失。有时候，明智的进攻是最好的防御。

2013年秋季，波音公司的股价继续走高，全年收盘价为136美元。到目前为止，华尔街普遍认为787飞机项目将会成功，波音公司将会享受不断增长的收益和大量现金流，这些现金流可以用来回购股票。我们认为，该公司的中期潜力有很大一部分已经反映在股价中，因此我们开始减持。

　　我要强调的是，我喜欢投资那些强大的成长型公司，例如波音公司，它的股价会因为一些可以理解且可以解决的问题而暂时下跌。然而，我通常会避免投资那些因自身弱点而陷入困境的弱势公司。弱势公司的管理层经常宣布改善收益和其他基本面的计划，但我的经验是，让整个公司扭亏为盈通常是一个艰难的过程，很少能取得令人满意的结果。

第12章

西南航空公司

2012年8月。乔什走进我的办公室，笑容灿烂地说："我有个想法，你可能很难喜欢。事实上，你会讨厌它。甚至，你可能会把我永远赶出你的办公室。我想到的是一家航空公司——西南航空公司。"

乔什是对的。我知道航空公司是个糟糕的行业，甚至可以说是最糟糕的行业。当一架飞机从一个城市飞到另一个城市时，无论飞机上的乘客是100%、50%还是空无一人，飞行的劳动力、燃料和其他运营成本几乎是相同的。因此，航空公司有特别大的经济动机来尽可能多地填满座位。由于许多乘客只会根据机票价格来选择航班，航空公司历来都试图通过提供最低价格来填补座位。结果导致了航空公司之间激烈的价格竞争——实际上是毁灭性的价格竞争。其破坏性如此之大，以至于自莱特兄弟的时代以来，航空业的总利润几乎为零。

此外，航空业务是高度资本密集型的，因为购买或租赁飞机都很昂贵。由于利润很低或没有利润，大多数航空公司都需要大量借款来购买飞机，因此，大多数航空公司的资产负债表上都有债务或租赁的高杠杆。

在经济疲软时期，许多航空公司都无法偿还高额债务或租赁性负债，被迫破产，许多航空公司因此直接消失了，包括泛美航空公司（1927—1991）、环球航空公司（1925—2001）、东方航空公司（1926—1991）和布兰尼夫航空公司（1928—1982）。根据维基百科，1979年至2011年间，52家美国航空公司申请破产。多么令人惊讶！正如沃伦·巴菲特在2007年致伯克希尔·哈撒韦公司股东的年度报告中所写的那样："的确，如果当时有一位有远见的资本家在基蒂霍克，他会帮他的后继者们一个大忙——击落奥维尔。"

2001年到2011年，航空业的日子尤其不好过。9·11恐怖袭击事件后，旅游人数急剧下降，随后燃料成本急剧上升，之后在2008—2010年经济衰退期间，旅游人数再次急剧下降。美国大多数大型航空公司在本世纪头十年里出现了巨额亏损，挣扎着生存。美国联合航空公司于2002年宣布破产，美国达美航空公司和美国西北航空公司于2005年宣布破产，美国航空于2011年宣布破产。

乔什相信，21世纪头十年的悲惨状况将为航空公司带来一段繁荣时期。原因是，遭受巨大损失的航空公司没有购买许多新飞机的财务动机或资金。事实上，他们有动机通过出售效率较低的飞机来降低成本。这正是2000年至2011年间发生的情况，结果是美国航空公司的有效运力从7015亿客运里程下降到6795亿客运里程，下降了3.1%。在同一个11年期间内，运力下降了3.1%，在很大程度上受到人口增长推动的美国航空旅行需求从5023亿客运里程增长到5647亿客运里程，增长了12.4%。结果就是，2000年的平均航班客座率为71.6%，而2011年的平均航班客座率为83.1%。

因为大多数在不热门的时间起飞或飞往不太热门的地点的航班都有很多空座位，如果整个航空业的客座率为83.1%，那么许多更受欢迎的航班将满负荷运行，其中许多航班还需要排队等候。

乔什的观点是运力将继续紧缩，因为美国国内航空公司订购的新飞机相对较少。他认为，随着运力进一步收紧，美国国内航空公司将能够提高价格，而价格的提高将导致这些航空公司的利润和股价大幅上涨。

　　乔什走进我办公室时，西南航空公司的股价仅略高于其8.34美元的账面价值。与几乎所有其他美国航空公司不同，西南航空公司数十年来一直保持盈利，现金和债务一样多。作为一家管理良好、高度可靠的低成本航空公司，该公司赢得了良好的声誉。令人惊讶的是，根据《财富》杂志2011年的调查，西南航空公司在全球最受尊敬的公司中排名第4位，领先于宝洁（排名第5位）、可口可乐公司（排名第6位）、亚马逊公司（排名第7位）、联邦快递（排名第8位）和微软公司（排名第9位）。另外一家进入前50名的航空公司是新加坡航空有限公司，排名第18位。

　　1967年3月15日，赫伯·凯莱赫（Herb Kelleher）和罗林·金（Rollin King）成立了西南航运公司。最初的计划是只在得克萨斯州的3个主要城市之间飞行：达拉斯、休斯敦和圣安东尼奥。凯莱赫是两位创始人中的领导者，他认为，通过成为得克萨斯州的州内航空公司，西南航运公司可以避免烦琐的联邦法规。然而，诉讼推迟了新航空公司的启动，这是因为布兰尼夫航空公司、大陆航空公司和得克萨斯州航空公司利用起诉来阻止新竞争对手的加入。这起诉讼在得克萨斯州的法院吃力审理了两年多的时间，但在1970年年底，得克萨斯州最高法院最终支持了西南航运公司成立一家地区性航空公司的权利。1971年3月，西南航运公司更名为西南航空公司，3个月后，这家全新的航空公司开始使用3架（很快变成4架）波音737飞机在达拉斯、休斯敦和圣安东尼奥之间提供航空服务。

　　从一开始，赫伯·凯莱赫就决定以太平洋西南航空为蓝本，建立西南航空公司。太平洋西南航空成立于1949年，总部位于加利福尼亚州。太平洋西南航空是第一家提供折扣机票的大型航空公司。此外，它还试图通过让飞行变得有趣来吸引顾客。公司鼓励空乘人员和飞行员与乘客开玩笑。在20世纪60年代，空姐的制服为迷你裙，而在20世纪70年代，时尚发生了变化，迷你裙变成了热裤。该公司在每架飞机的机头上都画了一个笑脸。为了与公司理想的精神气质保持一致，太平洋西南航空的创始人肯·弗莱德金（Ken Friedkin）穿着色彩鲜艳的夏威夷衬衫。太平洋西南航空的口号是"世界上最友好的航空公司"，这种友好的态度奏效了，吸引了大量付费乘客。

虽然潜在的竞争对手之间的关系通常并不友好，但肯·弗莱德金似乎对赫伯·凯莱赫有兴趣复制太平洋西南航空的商业模式感到很荣幸，他慷慨地同意帮助培训西南航空公司的一些维修技工，并为西南航空公司提供飞行、操作和培训手册。

凯莱赫选择了达拉斯的爱田作为公司总部，并将"爱"作为公司早期广告的主题。为乘客提供的饮料被称为"爱心药水"，花生被称为"爱心小零食"。纽约证券交易所中公司股票的代码是LUV。在该公司一个挑选空乘人员的委员会中，有一个委员曾为休·海夫纳（Hugh Hefner）的花花公子飞机挑选过空乘人员。委员会选出的空姐被描述为性格外向的啦啦队长、乐队女指挥或长腿舞者。赫伯·凯莱赫给她们穿上热裤和长筒靴。显然，西南航空公司紧紧跟随了太平洋西南航空另类有趣的成功模式。

开办一家新的航空公司是困难的。乘客通常会觉得乘坐一家在可靠性和安全性方面有良好记录的老牌航空公司更安全。西南航空公司在1971年和1972年很难吸引乘客，而且没有盈利，以至于公司不得不卖掉4架737飞机中的一架来支付工资和其他费用。为了弥补25%的运力损失，西南航空公司想方设法地大幅减少了每个航班之间，剩余的每架飞机在地面停留的时间。这是凯莱赫竭尽全力将西南航空公司塑造成一个高效、低成本航空公司的开始。

凭借低成本、低票价和"爱心"商业模式，西南航空公司在20世纪70年代中期开始取得成功。1975年，它的收入从1973年的900万美元和1974年的1500万美元增长到2300万美元。1973年，该公司基本实现收支平衡，1974年实现盈利，1975年税后利润为340万美元。盈利能力使西南航空公司得以购买更多的飞机。到1978年，该公司运营着13架波音737飞机，为得克萨斯州的11个城市提供服务。1978年的收入和税后利润分别为8100万美元和1700万美元。西南航空公司是一家健康的年轻企业。

1978年，对航空业的管制在很大程度上放松了，西南航空公司决定向得克萨斯州以外的地区扩张。1979年1月25日，该公司首次跨州飞行的航班是从休斯敦飞往新奥尔良。在接下来的两年里，低成本、低票价战略的成功鼓舞了西南航空公司继续逐步将其服务扩展到其他城市。到1980年，该公司已为14个城市提供服务。1980年，其收入和税后利润分别增加到2.13亿美元和2900万美元。在1980年的年度报告中，管理层表示，该公司"低廉的票价、高频的短途航线服务、模范的员工生产力和高资产利用率的独特组合"为乘客节省了大量资金，同时，"在美国航空公司中实现了最高的营业利润率，在过去5年中，股东权益的年回报率达到37%"。

在接下来的20年里，西南航空公司继续快速发展，一部分原因是其网络扩展到美国大多数主要城市，另外一部分原因是其低成本和低票价，最后一部分原因是其创新和良好的管理。从1980年到2000年，该公司的收入以16.6%的复合年增长率，从2.13亿美元增长到46.28亿美元，其净利润以16.5%的复合年增长率，从2840万美元增长到6.031亿美元。为了在20年里保持低成本，西南航空公司强调简单。为了减少维护和培训成本，它只拥有和使用一种型号的飞机：波音737。为了避免拥堵，它使用了较小的机场，在达拉斯，它更喜欢达拉斯爱田机场而不是达拉斯−沃思堡国际机场；在芝加哥，它更喜欢中途国际机场而不是奥黑尔国际机场。为了节省预订成本，西南航空公司是最早通过互联网销售机票并发行非纸质机票的航空公司之一。此外，乘客不能预定指定的座位，而是在登机时以先到先得的方式选择自己的座位。为了进一步降低成本，该公司建立了自己的计算机预订系统。如果你从事的是大宗商品业务，那么赢家就是那些成本最低的公司——西南航空公司的成本非常低，所以成为一个赢家。

下面的故事对我们理解赫伯·凯莱赫的创造力和风格有启发意义。1992年3月，西南航空公司开始使用"聪明的飞行"座右铭后不久，一家多年来一直以"聪明的飞行"为座右铭的飞机维修公司——史蒂文斯航空公司，威胁要起诉西南航空公司侵犯其商标权。经过一番讨论，赫伯·凯莱赫和史蒂文斯航空公司的首席执行官库尔特·赫沃尔德（Kurt Herwald）决定在达拉斯体育摔跤场举行掰手腕比赛来解决争端，以代替诉讼。一段宣传视频展示了赫伯·凯莱赫为这场比赛进行的"训练"。在视频中，他在一名助手的帮助下尝试仰卧起坐。每完成一个仰卧起坐，就有一瓶野火鸡威士忌作为奖励。掰手腕比赛有3个回合。每一轮的输家必须向他选择的慈善机构支付5000美元。3轮比赛中胜出两轮的赢家将获得"聪明的飞行"商标的使用权。库尔特·赫沃尔德赢得了3轮比赛中的两轮，但他却准予西南航空公司共同使用"聪明的飞行"。这场掰手腕比赛的结果是，两家公司都可以使用这个商标，慈善机构获得了1.5万美元，并且两家公司都获得了良好的宣传效果。

到2011年，西南航空公司的收入已增加到150多亿美元，但在2001年至2011年期间，该航空公司的每股收益从2000年的0.79美元峰值下降到2011年的仅0.40美元。燃料成本上升和经济疲软是导致其收益大幅下降的原因。

2012年8月，当乔什走进我的办公室时，华尔街普遍对西南航空公司的前景不太看好，也没有任何华尔街分析师预测，由于定价改善，该公司的每股收益会增长几倍。7月19日，也就是西南航空公司公布6月当季业绩的第二天，几位分析师发布了有关该公司的报告。当时该公司股价约为9.15美元。高盛集团预测，2014年该公司的每股收益将增至0.99美元，股价估值为8.50美元。美林预计该公司2014年的每股收益将增至1.20美元，股价估值为9.50美元。巴克莱银行则更为乐观，它预计该公司2014年的每股收益将增至1.35美元，每股价值为14美元。

然而，乔什认为，如果他关于定价的理论被证明是正确的，那么该公司的收益可能会远远超过华尔街的预期。他的逻辑如下：该公司2012年的收入预计约为160亿美元。假设有效税率为39%，稀释后的股票数量为7.45亿股，那么机票价格每上涨1%，西南航空公司的税前利润将增加1.6亿美元，每股净利润将增加约0.13美元。乔什认为，随着国内航空旅行的需求不断接近运力，机票价格每年至少会上涨4%至5%，比预计的成本增幅（约占收入的2%）高出2%至3%。如果实际价格连续4年以每年2%到3%的速度增长，那么到2016年，每股收益将增加1.04美元，至1.56美元。此外，西南航空公司最近宣布了一项利润改善计划，预计到2015年年底，该公司的年度税前利润将增加11亿美元。这11亿美元由3部分组成：

1. 该公司刚刚收购了另一家地区性航空公司——穿越航空。将穿越航空并入西南航空公司后，每年的协同作用预计可节省4亿美元的成本。

2. 此外，穿越航空还使用了一些效率低下的波音717飞机。将这些飞机移交给另一家航空公司，每年将节省约2亿美元的成本。

3. 最后，西南航空公司找到了一种方法，在其波音737-800飞机上增加了一排6个座位。增加的一排座位、新的预订系统以及其他运营改进措施预计将为公司增加约5亿美元的年度税前利润。

这个价值11亿美元的盈利计划如果成功，到2016年将为公司增加约0.90美元的每股收益。基于这些估计和假设，乔什得出结论：在不考虑其他因素的情况下，西南航空公司的每股收益从2012年的0.60美元左右增长到2015年的2.00美元以上，并在2016年超过2.50美元是具有一定合理性的。还有另外两个考虑因素。第一是未来几年的正常需求增长。第二是西南航空公司的现金和债务一样多，而且正在产生大量超额现金，该公司制订了一项积极的股票回购计划。乔什估计，回购计划可能会将稀释后的流通股数量从2011年的7.74亿股减少到2016年的7亿股以下。乔什评论说，需求的增长和股票回购计划是锦上添花，它们给了他额外的信心，如果价格每年上涨4%至5%，西南航空公司的每股收益在2016年可能超过2.50美元。

然后，乔什使用了第二种方法来检验他预测的合理性。他估计西南航空公司的收入到2016年将增长到195亿美元左右。在9·11恐怖袭击事件发生前的3年里，西南航空公司的营业利润率在16.4%到18.1%之间。乔什认为，如果他的预测是正确的，行业状况将转好，那么西南航空公司的利润率可能会回到16%至18%的水平，因此，其2016年的营业利润可能在32亿至35亿美元之间。在32亿至35亿美元的营业利润中减去1.25亿美元的利息支出，以39%的有效税率扣除税款，再根据估计的6.75亿稀释股数计算，乔什的第二种方法得出西南航空公司2016年的每股收益预计为2.75至3.00美元。

乔什还提到，他简要分析了另外3家在美国注册的大型航空公司的基本面，虽然这些航空公司也将从提价中受益，但它们的资产负债表都不稳定。例如，2012年6月30日，美国达美航空公司的净债务为88亿美元，有形账面价值为负110亿美元。美国联合航空公司的净债务为43亿美元，有形账面价值为负33亿美元。美国航空已经破产。相比之下，西南航空公司没有净债务，其有形账面价值为59亿美元。乔什认为，如果航空业遭遇意外的冲击，例如燃料价格飙升、恐怖袭击或急剧衰退，资产负债表不稳定的航空公司可能会被迫陷入实质性破产或准破产，其结果是股东可能会遭受重大的永久性损失。乔什认为美国达美航空公司和美国联合航空公司的股价可能比西南航空公司更有上涨潜力，但它们不适合我们。格林黑文讨厌永久性损失。

　　乔什试图给西南航空公司的股票估值。在一个时富时穷的悲惨行业里，一家难能可贵的公司的价值是多少？乔什一点头绪都没有。我也不知道。我们没有一个合理的方法来评估这些股票。然而，我们不需要这样做。如果西南航空公司2016年的每股收益接近2.50美元，其股价可能会大幅上涨——上涨至目前的9美元的几倍。同样重要的是，该公司的质量和资产负债表将提供相当大的保护，避免永久性损失。我们认为自己已经有了一只赢家股——一只可能成为本垒打的股票。

　　乔什和西南航空公司的首席财务官塔米·罗莫（Tammy Romo）通了电话。我们不停地向塔米提问题，试图找出我们分析中的漏洞。我们没有找到一个漏洞。事实上，我们对西南航空公司了解得越多，思考得越多，我们认为它的报酬风险比越有利——事实上，是令人不可抗拒的。

　　所以，我没有把乔什赶出我的办公室，而是很快开始购买西南航空公司的股票。如果你在一年前问我，格林黑文是否有可能持有一家航空公司的股票，我会说"不可能"。但我认为，投资者有时需要对挑战以往信念的新想法持开放态度。在投资行业中，就像在生活中一样，如果一个人的视野过于狭隘，他就会处于不利地位。

　　我们在西南航空公司建立仓位后不久，我就告诉了15岁的孙子格兰特。格兰特身高约185厘米，身材像个橄榄球运动员（他也确实是橄榄球运动员）。格兰特立刻给了我们在西南航空公司的持仓一个消极的回应："埃迪（我所有的孙子孙女都以这个昵称称呼我），西南航空公司的座位很挤，你必须至少提前一个小时到达登机口才能找到一个合适的座位。我称这家航空公司为南部最差。"不过，大多数乘客都不是橄榄球运动员。而且和格兰特不同的是，大多数人必须自己支付机票钱，所以，即使他们无法提前预订座位，也会感激航空公司提供的折扣低价。

西南航空公司的股价在我们开始建立头寸后不久就开始大幅上涨。有时，我们持有的某只股票需要数年时间才能开始大幅升值——有时，我们很幸运地把握住了时机。在西南航空公司的案例中，我们是幸运的。2013年年初，股市开始走强，一些投资者开始对航空业的中期前景持乐观态度。然而，大多数华尔街公司仍然不认为航空公司能够大幅提高价格和收益。例如，在2012年秋季至2013年春季期间，高盛集团的分析师将西南航空公司2014年的预期每股收益从0.99美元小幅下调至0.95美元。2013年10月7日，高盛集团的分析师写道，西南航空公司目前的定价策略令他们受到鼓舞，但他们仅将该公司2014年的预期每股收益上调了几美分至0.98美元。10月24日，西南航空公司宣布其2013年第3季度每股收益为0.34美元，较2012年同期的0.13美元增长了161%。实际上，每股收益的大幅增长都是由价格上涨导致的。根据我们的计算，即使考虑到了航空燃料价格的变化，每乘客/每英里的价格也上涨了8.6%。在财报发布当天，高盛集团终于开始领悟到这一信息，并将该公司2014年的预期每股收益上调至1.12美元。发布当天，西南航空公司的股价上涨了3.7%，现在的股价大约是乔什第一次带着灿烂的微笑和购买该股的想法走进我办公室时的两倍。高盛集团和其他大多数华尔街公司都未能预测到机票价格会因市场紧缩而大幅上涨。在我看来，高盛集团的分析师过于关注西南航空公司近期的发展，以至于他们未能退后一步，正确分析和预测关键的基本面因素——这些基本面因素能够决定西南航空公司股票的中期价格。他们成了报道近期新闻的记者，而不是分析师。

让我们接着讲故事。2013年第4季度，西南航空公司的机票价格上涨了6.4%（同样根据航空燃油价格进行了调整），2014年年初机票价格继续以有利的速度上涨。到2014年春季，华尔街普遍更加意识到价格和盈利能力的新趋势。对2014年每股收益的普遍预期已升至约1.50美元，但大多数公司仍预计在2014年后，该公司的每股收益仅会小幅增长。例如，高盛集团预测该公司的每股收益在2014年为1.50美元，2015年为1.72美元，2016年为1.86美元。乔什认为，如果对2014年的每股收益估值1.5美元是正确的，那么按照正常的年度增长，加上11亿美元的利润改善，再加上股票回购，即使不考虑另外的机票价格上涨，2016年的每股收益也将远高于高盛集团预估的1.86美元。他认为，随着市场持续紧缩，美国航空公司继续提高机票价格是合乎逻辑的。

晚春时节，乔什、克里斯和我花了大量时间思考我们在西南航空公司的投资。当时，该公司的股价为25至26美元。我们试图估计一两年后这些股票的价值，但最终还是被弄糊涂了。我们没有方法来估计公司在正常环境下的收益会是多少。航空业一直是一个时穷时富（主要是穷）的行业，几乎没有正常的时期。此外，虽然我们有方法来对优秀行业中的优秀公司以及平庸行业中的优秀公司进行估值，但我们没有方法来对一个绝对糟糕行业中的优秀公司进行估值。

最后，我们决定出售大约一半的西南航空公司股份。这些股票的升值幅度远远超过我们持有的其他股票，因此，考虑到航空业通常缺乏吸引力，它们在我们的投资组合中所占的比例太大了。自从乔什第一次提出他的观点以来，股价已经上涨了近3倍，这些股份的风险报酬比已经不像以前那么有利了。通常，当我左右为难，不知道是否要卖掉我们持有的某只股票时，我会卖掉一半，或者对当时的情况来说比较合理的比例。

西南航空公司的股价在2014年夏季持续上涨，到2014年秋初已经接近35美元。公司的情况比我们预期的要好——需求强劲、运力紧张、价格稳定并不断上涨。航空燃料的成本正在下降。我们知道这一切，但其他投资者也知道。好消息已经放出，股票的风险报酬比不再有利，我们决定出售我们所持有的剩余股份。

第13章

高盛集团

2014年春天，我花了数百个小时寻找新的投资想法。我筛选股票清单，思考各种可能有吸引力的行业，阅读杂志和报纸，与我的同事进行头脑风暴，并查看其他投资经理最近购买的股票清单[①]。但挫折一直伴随着我。我找不到一个有吸引力的想法。我看了又看，但还是没有什么用。

然而，在5月30日星期五，我注意到彭博（*Bloomberg*）杂志最新一期的封面和头条文章是关于高盛集团投资银行业务的3位联席主管的：大卫·所罗门（David Solomon）、理查德·罗以德（Richard Gnodde）和约翰·S. 温伯格（John S. Weinberg）。我曾在1966年和1967年与约翰·S. 温伯格的祖父西德尼·温伯格（Sidney Weinberg）共事，也认识他的父亲约翰·L. 温伯格（John L. Weinberg）——他曾在高盛集团担任多年的联合高级合伙人。我决定读一读这篇文章，主要是为了娱乐。这篇文章强调了高盛集团投资银行业务的实力和盈利能力。

出于好奇，我打开彭博终端，查询高盛集团的股价：159.80美元。然后

---

① 每季度一次，投资经理必须在提交给证券交易委员会的13-F报告中披露他们的持股情况。

我查了一下该公司的每股有形账面价值①：145.04美元。一个念头在脑海中闪过！高盛集团是一家一流的公司，其售价仅比其有形账面价值高出10%。第二个念头闪过脑海！高盛集团有两项需要很少资金的业务（投资银行和投资管理）和两项需要大量资金的业务（"交易"和投资）。通过计算非资本密集型业务在正常环境下应该赚多少钱，并估计资本密集型业务的股本回报率应该超过10%②，我就可以估计出高盛集团的盈利能力。因此，我有了一种为高盛集团的收益建模的方法。

我下载了公司最近的收益表。在似乎有点不正常的环境下，这些非资本密集型业务的税后每股收益为5美元以上。我估计，高盛集团账面价值中的4美元应该分配给非资本密集型业务，每股剩余的141美元应该分配给交易和投资。因此，我得出的结论是，交易和投资的盈利能力应该超过每股14美元，整个公司的盈利能力应该在每股20美元左右，这样计算出来，有形账面价值的回报率大约为14%。当预测估值和回报时，我会考虑估值的合理性。它们看起来真实吗？在这种情况下，我得出的结论——高盛集团的盈利能力应该是其有形账面价值的14%左右——对我来说非常有道理。投资在很大程度上取决于理性、常识和判断。

在评估公司价值时，我们通常会展望未来两年的情况。如果高盛集团现在的盈利能力是每股20美元左右，那么到2016年，它的盈利能力肯定至少会达到每股22美元（金融市场往往以每年5%至6%的速度增长）。然后我想到了

---

① 有形账面价值是指股东的普通股权益减去任何商誉或无形资产。

② 我认为这10%背后的逻辑如下：就交易而言，众所周知，高盛集团总体上比大多数竞争对手拥有更好、更有利可图的业务。如果连高盛集团都不能在交易业务上获得约10%的回报率，那么它的许多竞争对手将无法在某些交易业务上获得足够的回报，以保证其继续经营这些业务。随着竞争对手退出回报率较低的业务，竞争将会减少，差距将会扩大，高盛集团的回报将向10%靠拢。在投资方面，高盛集团主要持有股票和贷款。随着时间的推移，普通股投资者的平均年回报率为9%~10%。假设这些投资组合通常是通过存款和借款进行杠杆化的，随着时间的推移，银行的贷款组合已经获得了超过10%的平均年回报率。因此，我们有理由得出这样的结论：高盛集团的投资业务至少应该有10%的股本回报率。

一个合理的市盈率。非资本密集型业务是瑰宝，应该被赋予高于平均水平的市盈率。然而，交易和投资是不太有吸引力的业务，其价值可能低于平均市盈率。总的来说，我对高盛集团股票的估值是其盈利能力的12到15倍。因此，一个早期的初步结论是，到2016年，高盛集团的股价可能会达到265~330美元，比目前的价格高出65%~105%。我终于有了一个或许可行的投资想法。

我很兴奋。我放下手头的其他工作，开始阅读高盛集团的10-K表格。我尤其想寻找与我最初的分析（该公司的股票被严重低估了）相反的信息。我花了大量时间阅读有关未决诉讼的报道，这些诉讼主要源于2008—2009年金融危机之前被指控的不道德交易和其他行为。我们通常不愿投资那些道德有问题的公司，但我确信，高盛集团的道德过失只是该公司3.2万名员工中相对较小的一部分人造成的——公司本身不应该因为少数员工给出的错误建议和进行的错误交易而受到指责。假设一家公司拥有3.2万名员工，那么在这3.2万名员工中没有任何不良行为者是不合情理的。在我看来，人们应该注意，不要因为少数人的不道德或非法行为而谴责整个组织。

接下来，我研究了高盛集团的资产负债表。金融危机之后，该公司决定大幅去杠杆化。2007年，高盛集团的资产是其股东权益的26倍。到2013年年底，这一比例已降至不足12倍。然后我试图分析资产负债表的质量，但这很难做到，部分原因是高盛集团拥有的资产每天都在变化。然而，我知道由于2008年金融危机，高盛集团的财务实力不断受到许多监管机构的审查，这让我感到欣慰。此外，美国联邦储备银行曾允许高盛集团在2013年回购62亿美元的股票，此前高盛集团分别在2012年和2011年回购了46亿美元和60亿美元的股票。我相信，如果美国联邦储备银行的管理者和工作人员对高盛集团资产负债表的实力没有高度信心，是不会允许该公司进行这些大规模回购的。当然美国联邦储备银行也可能会犯错。但是任何商业决策都不可能基于绝对准确的信息，而且情况可能会发生变化。但在一个不完美的世界里，在分析持有高盛集团股票的风险时，美国联邦储备银行的审查仍然是一个重要的考虑因素。

此外，虽然我一直担心长期繁荣之后的资产质量，因为持续的繁荣往往会滋生过度自信，从而导致对风险的错误评估，但反过来也应该是正确的。在可怕的金融危机和严重的衰退之后，管理层通常会特别倾向于规避风险。

高盛集团的10-K表格中有很大一部分讨论了对投资银行监管方面的加强。许多华尔街人士认为加强监管是负面的。但我也看到了一线希望。大幅提高资金要求可能会导致实力较弱、盈利能力较差的公司退出某些业务，从而减少竞争。此外，遵守《多德-弗兰克法案》（ *Dodd-Frank Act* ）和其他近期法规所需的成本将成为潜在新竞争者进入市场的巨大障碍。因此，《多德-弗兰克法案》一个意想不到的结果是扼杀了竞争，增强了资金雄厚的大型金融机构的实力，并提升了其市场份额。

看完这份10-K报告后，我立即召集了格林黑文的另外两位分析师——我的儿子克里斯·瓦肯海姆和乔什·桑德布尔特开会。我们3个人花了两个小时讨论高盛集团业务的利与弊。我们进行了头脑风暴。我们的结论是，在一个相当有吸引力的行业中，高盛集团是一家非常强大的公司，该公司的股票处于被严重低估和不合理的水平。我们推断，股价低迷是因为许多投资者普遍担心金融服务公司的资产负债表风险，也因为许多人担心该行业会受到过度监管。我们认为这些担忧被夸大了，并会随着时间的推移而减轻。这些担忧就是我们的机会。

2013年高盛集团每股盈利15.46美元，远高于10年前的5.87美元，这让我觉得很好笑。在这10年里，公司经历了大萧条以来最严重的金融危机和经济衰退，经历了充满敌意的诉讼和立法，但公司的利润却增长了163%。我的经验是，分析师和历史学家经常过多地关注一家公司最近出现的问题，而低估了它的优势、进步和前景。美国在20世纪的进步可以作为一个类比。在这个世纪末，美国公民普遍比本世纪初更富有、更健康、更安全、受教育程度更高。事实上，这是一个进步非凡的世纪。然而，大多数历史书往往主要关注两次悲惨的世界大战、极不受欢迎的越南战争、大萧条、民权运动期间的内乱，以及华盛顿经常表现糟糕的领导。这个世纪充斥着严重的问题和错误。如果你只读过报纸和历史书，你可能会得出这样的结论：美国经历了一个世纪的相对和绝对衰落。但实际上，美国在这个世纪结束时是强大而繁荣的。2013年结束时，高盛集团也是强大而繁荣的。

彭博存档了许多管理层的演讲。我想听听高盛集团管理层在公开场合都说了些什么，所以我听了大约10场最近的演讲。我对高盛集团总裁兼首席运营官加里·科恩（Gary Cohn）于2013年5月30日发表的评论尤其感兴趣。科恩表示，尽管2012年的环境充满挑战，但高盛集团仍获得了10.7%的股本回报率。他补充道："随着经营环境的改善，我们正专注于公司的定位，让公司进一步扩大股本回报率。"他详细阐述了"我们在中期内推动回报上升的机会"。一个推动因素是收入。科恩指出，投资银行的收入近年来一直处于周期性的低水平，而恢复正常活动将大大提振收入和利润。他补充说，高盛集团还有机会获得在投行业务中的市场份额，因为在金融危机之后，为了应对随之而来的监管加强和资金要求提高，许多竞争对手都在收缩业务。科恩强调："这为我们创造了一个重要的收入机会。"

科恩还强调，高盛集团的成本削减应该会增加收益。他表示，公司最近完成了一项19亿美元的成本削减计划，公司的薪酬支出占收入的比例在过去几年里大幅下降。

加里·科恩提出的另一个观点激发了我的想象力。他表示，高盛集团"将继续调整和重新分配资源，以在必要时实现效率最大化；我们有一种强适应性文化"。我对此说法的理解是，如果高盛集团某个领域的活动产生了低于正常水平的回报，公司可以将资金从该领域转移到另一个产生高回报的领域。这种灵活性是许多金融服务公司的一个积极属性。另外，制造企业往往承受着设计不佳或位置不佳却无法搬迁的工厂带来的包袱。就算巴西的劳动力成本大幅低于亚拉巴马州的劳动力成本，造纸公司也几乎不可能将亚拉巴马州的造纸厂搬到巴西。

高盛集团的演讲总体上流露出对公司未来的一份沉着的信心。这些内容表明，管理层是有进取心和野心的，但并不傲慢。我意识到这些演讲都是精心编排的，但尽管如此，我还是印象深刻。

然后我打电话给3位熟人，他们都曾是高盛集团的高管。他们对高盛集团持有相似的印象：管理非常出色；年轻员工往往是最优秀、最聪明的；聪明而有抱负的员工会想到方法为自己和公司赚钱；该公司继续享有业界最佳的品牌形象。

经验造就直觉，我的直觉是，我应该开始购买高盛集团的股票。这个投资想法以及高盛集团的基本面和利润潜力似乎都很有吸引力。亚瑟·罗斯先生经常劝告我说："我们不是一个辩论社团；我们不是一个辩论社团；行动，艾德加，行动。"因此，我采取了行动——下单购买高盛集团的股票。几周内，我们就满仓了该公司的头寸。

大约一个月后，我与威尔·戈登（Will Gordon）共进午餐，他是一家中型公司的投资经理。我告诉威尔，我们想到投资高盛集团的点子是天赐良机，因为在2013年股市走强之后，我们很难找到新的投资标的。我还提到，我们的投资组合在2013年的升值幅度远远超过了市场，我们现在管理着超过50亿美元的资产，需要找到我们可以大规模购买的股票，例如高盛集团。我补充说，考虑到股市的水平和我们增加的规模，使我们的投资组合保持强劲的升值速度是一项挑战。威尔马上说："好吧，艾德加，我想你将来只能无奈接受更低的回报了。"我立刻对威尔的评论产生了强烈的反感，尤其是对"无奈接受"这个词。"无奈接受"不曾是我投资词汇的一部分，将来也不会是。我一生都享受着竞争取胜的快感。我不会"无奈接受"打平庸的网球，打平庸的高尔夫球，或者获得平庸的投资结果。在威廉姆斯学院读大四的时候，我每天都要经过霍普金斯门。大门的一根石柱上刻着这样一句话：

向高处爬，向远处爬，

你的目标是天空，

你的目的是星星。

这是我的信条。我渴望搭建一个通往星星的梯子，爬上每一个梯级。我相信，经过理性调节的雄心壮志会让一个人获得成功，并感到自己获得了回报。而在竞争激烈的世界里，满足于平庸往往会导致失败。是的，在股市估值相对充分的时候投资50亿美元是一个挑战。但人们对"挑战"一词有两种截然不同的看法。一种是遇到一堵看上去无法穿透的墙时的挫败感，另一种是想要翻越围墙的快感和满足感。各有所好，但我更喜欢后者。我要说的是，"无奈接受"未来较低的回报是一派胡言。

2014年秋天一个阳光明媚的日子，我收到了与高盛集团董事会首席董事阿贝约（"巴约"）·奥古列西［Abebayo（"Bayo"）Ogunlesi］共进早餐的邀请。早餐的主要目的是讨论公司的治理。我欣然接受了邀请。在约定的那天，我提前45分钟到达了高盛集团位于西街的总部。我认为开会迟到是不礼貌的，所以我通常会预留出较多的时间，因为担心火车会晚点，或者很难叫到出租车。这是瓦肯海姆的一个特质。通常当我早到的时候，我会喝杯咖啡或者在附近散散步来消磨时间。

然而，这一次，我充分利用了45分钟的空闲时间。我乘坐快速电梯来到高盛集团的11层，这里是空中大厅。高盛集团的大多数员工都在11楼换乘电梯，很多人会来这层楼的自助餐厅喝杯咖啡或吃点零食。我找了一把舒服的椅子，在这45分钟的大部分时间里，我都在观察。通过研究高盛集团员工的相互交流、着装和走路方式，我可以对高盛集团员工的类型有所了解。这让我印象深刻。员工们通常彼此友好，面带微笑，衣着整洁，似乎专注于他们的目标。11楼本身也给我留下了深刻的印象，它的布局功能齐全、优雅有品位，而且绝对不是镀金的。虽然以貌取人是危险的，但我确实发现观察一家公司的员工和办公室是有用的。

在与巴约·奥古列西的9点早餐会议开始前的几分钟，我乘电梯来到高盛集团总部大楼的顶层，并被护送到董事会会议室。在会议室里，一辆推车上摆着百吉饼、水果、橙汁和咖啡。没有大多数人喜欢的鸡蛋，没有熏肉，没有煎饼或法式吐司。没有穿燕尾服的服务员。只是一份简单的自助早餐。我对高盛集团的好感又增加了一层。高盛集团并没有试图用富裕来打动客人。

巴约的背景非常了不起。他出生于尼日利亚马昆的一个小村庄，在拉各斯的国王学院读高中，然后离开尼日利亚进入牛津大学。在牛津大学获得学士学位后，他同时就读于哈佛商学院和哈佛法学院，并与另一位同学一起成为《哈佛法律评论》（*Harvard Law Review*）的首批两名非洲裔学生。1979年获得法学学士学位后，巴约成为瑟古德·马歇尔（Thurgood Marshall）的书记员，成为美国最高法院的第一位非美国人书记员。1983年，巴约加入了纽约市的Cravath, Swaine & Moore律师事务所（以下简称Cravath），但在执业几个月后，瑞士信贷向Cravath询问是否可以借调巴约帮助谈判并为尼日利亚一个价值60亿美元的液化天然气工厂提供融资。巴约再也没有回到Cravath，而是迅速在瑞士信贷晋升，最终领导了该公司的全球银行部门，并当选为该公司的董事会成员。2006年，巴约离开瑞士信贷，成为一家名为全球基础设施合作伙伴的私募股权公司的联合创始人，该公司主要从事基础设施投资，特别是在能源、交通和水务行业。你看，谁说美国不是一个充满机会的地方？

在乘坐出租车前往高盛集团总部的途中，我想到了即将到来的会议，并预测巴约将强调高盛集团的董事会相当独立于管理层，董事会专注于控制风险，董事会将限制管理层的薪酬。这是3个明显的关键问题。果不其然，巴约专注于这3个问题，使用了旨在安抚股东的推销话语。因此，我并没有从这次会议中学到很多东西，我也没指望能学到很多。

还有另一件事压在我的心头。巴约和蔼可亲，口齿伶俐，似乎对高盛集团的运作很了解。但他究竟能知道多少呢？他在别处有一份全职工作。他对高盛集团的了解可能主要来自管理层告诉他的信息，以及为董事会会议准备的材料中的信息。董事是局外人。通常情况下，他们无法在高盛集团的办公室和交易柜台间不声不响地闲逛，以弄清楚到底发生了什么。我永远不会忘记20世纪70年代我在担任某铅冶炼公司董事时参加的一次董事会会议。会议在一个二级冶炼厂举行。在二级冶炼厂，旧汽车电池被粉碎和加工，以便将铅从其材料中分离出来。然后，铅在熔炉中提纯并重新出售。二级冶炼厂往往比较脏——事实上，是很脏。当电池被压碎时，很难将所有的铅和其他材料都包含在一个可控的空间内。然而，召开董事会会议的冶炼厂却一尘不染。我想象着，在董事们到来之前，冶炼厂的工人们花了几个小时用刷子、吸尘器、拖把、毛巾、化学品，甚至牙刷来清洁冶炼厂。当我在会议期间上厕所时，我的怀疑得到了证实。在男厕所里，我擦干手后，注意到盛放毛巾的容器里装满了大约50个空的碧丽珠（译者注：一种清洁剂品牌）罐子。同样，我相信董事们收到的有关公司的信息通常都经过了管理层的仔细筛选，他们总是希望情况看起来尽可能好。

12月中旬，我收到了来自巴约的一封电子邮件，宣布高盛集团董事会选出了两名新董事。邮件里有简历。令我印象深刻的不仅是新董事的高素质，还有（尤其是）巴约向我（可能还有其他大股东）发送关于选举的电子邮件这一举动。这封邮件让我想起了40多年前我的朋友鲍勃·门舍尔（Bob Menschel）发表的一段评论，巧合的是，他当时正是高盛集团的一名高管。鲍勃的评论是，对员工的微小关怀会在良好的关系和良好的士气中得到回报——记住他们的生日、询问他们的孩子或假期计划、偶尔带员工出去吃午餐、给员工买些小的圣诞礼物等。巴约遵循了鲍勃的建议，并得到了回报。高盛集团的某些人（巴约或他的员工）努力关心我和格林黑文，我对高盛集团的好感又上升了一层。

2015年5月，我再次收到高盛集团总部的邀请，这次是与加里·科恩和首席财务官哈维·施瓦茨（Harvey Schwartz）会面。我再一次抓住了机会。此前一个月，高盛集团报告称，其2015年第一季度的每股收益惊人地强劲，达到5.94美元，相当于有形股本回报率达到15%。当然，5.94美元相当于每股近24美元的年化收益。要知道，我曾预测高盛集团2016年的每股收益可能在22美元左右。因此，至少在2015年第一季度，高盛集团的收益就已经超出了我的预期。

在高盛集团总部举行的会议上，我向加里和哈维提出了关于第一季度收益可持续性的问题。哪些业务在公司的趋势线以上运营？它们比趋势线高出多少，为什么？哪些业务在趋势线以下运营？它们比趋势线低多少，为什么？管理层不愿透露我所寻求的大部分信息，但我在离开会议时相信，该公司的正常盈利能力应该接近其有形账面价值的15%，管理层很保守，倾向于低承诺和超额交付。在与一家公司的管理层会面时，我经常听到关于这家公司的"路线方针"——这条路线详述了公司的伟大和未来的繁荣，而忽略了公司的弱点。就高盛集团而言，我的直觉是加里和哈维都是坦诚正直的人，他们的观点在很大程度上是可信的。

6月2日，在德意志银行发表演讲时，加里·科恩谈到了第一季度盈利的常态化："我们看到了一个客户变得更加活跃的环境。我们不认为这是我们本身的优势。我们觉得我们的商业模式还有很大的上升潜力。"当然，这些话对我来说就像音乐一样悦耳。

接着，音乐继续响起，加里列出了高盛集团未来应该繁荣的理由：

> 从很多方面来说，我们是一家技术公司，大约四分之一的员工在我们的技术部门。我们进行了多项关键技术投资，这为我们提供了独特的竞争优势。

> 我们改善了我们的财务状况。我们调整了我们的支出空间。我们创建了强大的工具和流程，为我们的资本配置决策提供信息。我们在每一项业务中都有强大的地位，并且已经出售或关闭了可能降低未来回报的业务。我们的竞争地位正在提高。而且，随着环境的改善，我们有能力抓住机遇。

整个夏天，我询问了几位竞争对手，加里的话是可信的还是"胡扯"。竞争对手回答说，加里是一名销售人员，但他的乐观是有根据的，高盛集团是一家强大的公司。

我对高盛集团了解得越多，就越确信我们做了一笔令人兴奋的投资。但我仍然密切关注着公司的发展，特别警惕任何可能破坏我们分析和结论的外部变化。偶尔，黑天鹅等不利事件会使我们的一项或多项投资脱轨。当这种情况发生时，我们必须准备好冷静地重新思考继续持有这些投资带来的经济效益——如果有必要，出售。

这件事发生在2014年秋天。当时，我们在3家石油和天然气服务公司持有大量头寸，并且在一家石油和天然气生产商持有少量头寸。2014年夏天，原油价格仍然受到欧佩克，尤其是沙特阿拉伯的支撑，处于高位。当时我们很清楚，北美页岩油田和伊拉克石油产量的增加正在造成世界产能过剩，但我们认为，减少产量以消除过剩产能，从而将价格维持在高位，符合沙特阿拉伯的利益。然而我们错了。显然，沙特阿拉伯的领导人得出结论，与其不断减产以抵消其他地方不断增加的产量，不如"将其扼杀在萌芽状态"，让油价下跌到一个水平，使其低于在北美钻探新油井所需的成本，从而导致北美石油产量停滞或下降。

2014年夏天，原油价格约为每桶100美元，9月份开始下跌。10月，油价继续下跌，11月初跌破80美元。然后，我按地理区域对供需情况做了详细的估计和预测，得出的结论是，除非那些不稳定的国家因政治或军事动荡导致产量减少，或者沙特阿拉伯减少产量，否则原油过剩将继续加重。我问自己：如果沙特阿拉伯打算通过减产来维持高油价水平，为什么它会让原油价格跌至80美元？大多数"专家"和媒体都预测欧佩克将控制住局势，油价将回升。但有句老话说，人们不应该关注鱼市上的噪声，而应该关注鱼的价格。鱼的价格告诉我，欧佩克可能并没有控制。

显而易见，我担心的是，在油价下跌的环境下，我们与石油相关的资产的收益和价值会恶化。石油和天然气公司钻探新井的资金和动力将减少，地下石油储备的价值将下降。然后，我试着估计，如果欧佩克不控制局势，石油的正常价格会是多少。我的结论是，正常的油价应该在每桶55美元至70美元之间。如果长期油价高于70美元，那么开采足够数量的页岩油和其他成本较高的油井将具有经济效益，届时将出现产量过剩。但如果长期油价低于每桶55美元，那么满足全球需求且具有经济效益的油井数量是不足的。然后我得出结论，如果原油的长期价格在55美元至70美元之间，我们持有的4只石油相关股票将不再具有足够的吸引力。由于我对沙特阿拉伯会减产缺乏信心，

11月13日，我开始抛售所持有的相关股份。11月27日，在维也纳的一次会议上，欧佩克正式宣布放弃控制产量和价格的政策。到2015年年初，我们不再拥有任何与石油和天然气相关的投资。

2014年年底，我与一位投资组合经理进行了一次长谈，他仍然大量投资于石油生产企业。他告诉我，我的供需数据是错误的，因为它们低估了新兴国家（尤其是中国）未来的需求。他给我发了两份华尔街证券分析师的预测，其显示2015年石油市场将趋紧。我读过许多华尔街分析师和行业顾问的报告。几乎所有人都同意，除非沙特阿拉伯削减产量，否则2015年将出现供应过剩。在我看来，这位投资组合经理有意地寻找了两个恰好与他最初的分析一致的少数意见，而忽略了绝大多数意见。他对可能出现的新进展不予考虑。他陷入了一厢情愿的想法中。我认为，对于投资者来说，避免寻找能够加强他们原有分析的信息是很重要的。相反，当一个行业或公司的基本面发生不利变化时，投资者必须准备好并愿意改变他们的分析和想法。好的投资者应该有开放的思想和灵活性。

2015年年中，我曾与这位投资经理共进早餐，他当时仍持有石油生产企业的股票。他已经放弃了石油市场将很快收紧的理论，但他现在有了一个新的理论。他认为，5家大型综合性国际石油公司[①]可能会对收购美国石油生产商感兴趣，因为美国的政治稳定，而且有机会使用水平钻井和多级压裂技术来经济地增加页岩地层的储量和产量。他相信，他持有的一个或多个石油公司将被5大巨头中的一家以溢价收购。

早餐后，我打开彭博终端，发现美国有28家中型石油和天然气生产商的市值达到或超过50亿美元。谁也不知道闪电会打在哪里，所以谁也不知道28

---

① 这5家公司分别是英国石油公司、雪佛龙、埃克森美孚公司、荷兰皇家壳牌集团和道达尔公司。

家公司中的哪一家（如果有的话）会被这5大综合性公司收购。因为我不知道哪家公司会被收购，所以我可以在这28家公司中分别买入同等规模的股票，以平衡我的押注。如果在接下来的12个月里，这5大综合性公司确实都分别收购了这28家公司中的一家，且收购价格比市场价格高出30%，那么在其他条件相同的情况下，我的28家公司的一篮子股票将升值约5%。格林黑文试图实现15%至20%的年回报率，因此如果收购只能使我们的部分投资组合增值5%，那么这样的前景并不是很令人兴奋。而且这5%的假设是需要这5家大公司都有意向在未来12个月内进行收购的，在我看来这是小概率事件。简单地说，这位投资经理的新理论从经济学角度似乎无法证明投资这28家公司是合理的。在我看来，他是在寻找继续持有石油生产公司的理由。我们有一个直截了当的方法。当我们犯错或基本面对我们不利时，我们会欣然承认自己错了，然后改变方向。我们不寻求新的理论来证明我们最初的决定是正确的。我们不能让错误的决策恶化并消耗我们的注意力。我们需要卖掉股份然后继续前进。

2015年10月底，一位名叫迈克·欧弗洛克（Mike Overlock）的客户打电话约我共进午餐。迈克曾是高盛集团的明星，他于1982年成为高盛集团合伙人，1984年成为并购部主管，1990年成为整个投资银行部的联席主管。此外，1990年，他被任命为高盛集团管理委员会成员，该委员会在高盛集团还是合伙企业时主要负责管理该公司。迈克从高盛集团退休时，《华尔街日报》（*Wall Street Journal*）称他为"华尔街最有影响力的并购交易撮合者之一"。迈克当然知道我为他的账户购买了高盛集团的股票，我想我们午餐时可能会提到高盛集团的话题。所以，我决定做好准备——考虑到迈克对公司的了解，我已经做好了充分的准备。我拿出有关高盛集团的文件，查看了我所有的笔记和备忘录，重新考虑了我购买高盛集团股票的理由。我重新思考得越多，就越对持有这些股票可能带来的回报感到确信和兴奋。我很高兴。当我做投资经理时，我几乎总是很快乐。这是一份多么完美的工作！每天都在研究世界、经济、行业和公司；创造性地思考；采访公司的首席执行官；和迈克·欧弗洛克这样的人物共进午餐。我是多么幸运啊！真是非常非常幸运。

在我们购买高盛集团的股票后，该公司的基本面达到了我们的目标，但股票的市盈率远远落后于我们的预期。以2018年为例，高盛集团在当年每股盈利25.27美元，符合我们的预期。然而，该公司当年的平均股价仅为214美元，市盈率为8.5倍。我们在2014年以大约160美元的价格买入了该公司的股票，因此，我们在4年间的平均年回报率只有9%左右，包括股息。9%的平均年回报率不会让投资者成为洛克菲勒家族（译者注：洛克菲勒家族是美国传奇豪门家族，于19世纪末经营石油起家）的一员。

作为一名投资者，我相信我在股票估值方面相当熟练，但不擅长判断股票在任何给定的时间会实际卖到什么价格。约翰·梅纳德·凯恩斯（John Maynard Keynes）曾经说过："聪明的人在猜测谁将赢得选美比赛时，不会选他认为最漂亮的女孩，而是会选别人认为最漂亮的女孩。"我认为高盛集团是个非常漂亮的女孩，但从她8.5倍的市盈率来看，显然大多数其他投资者都认为她很丑。我需要知道为什么高盛集团被认为是丑的。答案似乎是，尽管高盛集团被普遍视为全球最杰出的投资银行，但多数投资者担心，该公司的资本密集程度过高，收益太具有偶发性。

2018年10月，大卫·所罗门取代劳尔德·贝兰克梵（Lloyd Blankfein）成为高盛集团首席执行官。到2019年年初，我很清楚所罗门计划做出改变，以提高公司的回报和形象。新任首席执行官通常会采用行动计划来进行有益的变革。我们一直在寻找这种可能发生的变化——它们经常成为购买一家公司股票的理由。2020年1月29日，所罗门宣布了他的计划。高盛集团将缩减部分资本密集型业务，发展周期性较弱的业务线，削减至少13亿美元的开支，目标是到2022年实现14%的有形股本回报率。我很快估计，2022年高盛集团的有形账面价值平均应在每股270美元左右。270美元有形账面价值的14%股本回报率将产生每股37.80美元的收益。

2020年10月14日，高盛集团报告称，在截至9月30日的季度，其每股收益惊人地达到了9.68美元。9.68美元的每股收益比大多数华尔街分析师的预期高出50%以上。10月14日是我的生日，我认为我收到了一份很棒的生日礼物。但我不能庆祝。在10月的最后一个交易日，该股收于189.04美元，比10月13日的收盘价低了10%，只比我们6年前购买该股时的价格高了18%。189.04美元仅为大卫·所罗门所预期的该公司2022年每股收益的5倍左右。高盛集团在选美比赛中获得了低分。

然后，在没有明显原因的情况下，股票开始稳步大幅升值。在2021年10月的最后一个交易日，该股收盘价为413.35美元。到底为什么高盛集团的股票在过去6年里表现如此糟糕，然后在接下来的12个月里从189.04美元上涨到413.35美元？我不知道答案，但可以从中汲取教训。当一家公司的股价落后于我的希望和预期时，我不应该感到沮丧。我需要确信，如果一家企业表现良好，其股价最终也会随之上涨。或者，修正凯恩斯的格言，最漂亮的女孩最终将赢得大多数选美比赛。

从高盛集团股价在一年内翻了一倍多的案例中，我们还可以学到另一个教训——有效市场理论并不成立。在股价只是小幅升值的情况下，高盛集团的股价上涨一倍以上并没有什么效率可言。很少有聪明和博学的投资者会认为，189.04美元是2020年10月该股的有效价格。股票和市场有时会出现非理性的错误定价。

第14章

通用汽车公司

有些投资比其他投资更有趣。投资通用汽车公司给我带来了很多乐趣——也许是因为我一直对汽车很感兴趣——这种兴趣使我密切关注汽车行业的发展。然而，直到最近，我才开始认真考虑购买一家美国汽车公司的股票。毕竟，从20世纪80年代初到大约10年前，3大汽车公司都存在严重的问题。

汽车行业的历史和三巨头的问题很有趣，也很有启发性。美国的第一批汽车是由蒸汽机驱动的。但是早期的蒸汽机非常不实用。它们的燃料是煤，又脏又笨重。煤被铲到汽车上。几分钟后，煤热得足以产生蒸汽，然后汽车就可以启动了。但汽车还没走远，就没水了，停了下来。直到以汽油为动力的内燃机发展起来，汽车才成为人们会选择的交通工具。

自行车制造商奥维尔·莱特和威尔伯·莱特是最先驾驶由发动机驱动的飞机的人，而另两位自行车制造商弗兰克·杜里埃（Frank Duryea）和查尔斯·杜里埃（Charles Duryea）是最先在美国制造以汽油为动力的汽车的人。第一辆杜里埃汽车（拥有单缸4马力发动机）于1893年制造。在某种程度上，它起作用了。改进后的第二辆杜里埃汽车于第二年制造完成，并在1895年感恩节那天参加了在芝加哥杰克逊公园与埃文斯顿市之间往返的比赛。弗兰克驾驶的杜里埃汽车赢得了比赛，它以平均每小时约12千米的速度走完了约87千米长的赛道。这场比赛被广泛宣传为"世纪之赛"。比赛结束后的第二天，《芝加哥时报》(*Chicago Times*)报道说："那些倾向于谴责无马马车发展的人将不得不承认它是一项公认的机械工程成就，它高度适应了我们文明的一些最迫切的需求。"报纸的报道很有先见之明。

受到公众对无马马车兴趣的鼓舞，杜里埃兄弟开始生产商业汽车。为了宣传他们的汽车，杜里埃兄弟继续参加比赛。在英国，一个重要的比赛是1886年从伦敦到布莱顿的老爷车大赛。这次比赛是为了庆祝议会通过了一项法案，该法案将英国乡村道路的限速从每小时约6.4千米提高到了每小时约22.5千米。此外，在城镇里，汽车不再需要一个人走在车前约5.5米的地方护送。11月14日是一个雨天，那天，空气中弥漫着庆祝的氛围，33辆汽车从伦敦出发，开往布莱顿。获胜者是杜里埃汽车，它早于第二名一个多小时完成了比赛。这场比赛让杜里埃兄弟成了名人。但是，尽管杜里埃汽车创造了许多第一（包括第一次发生事故——一辆杜里埃汽车撞上了一名骑自行车的人，并撞断了他的腿），但这些汽车从未在商业上取得成功，主要是因为竞争变得残酷。创办一家新的汽车公司并不难。早期的汽车不过是装上发动机的马车——无马马车。无马马车工厂周围没有护城河。到20世纪初，几十家公司在竞争一个仍然很小的市场。1900年，美国只生产了4192辆汽车。几十家公司中的大多数都难以盈利，包括最终倒闭的杜里埃汽车公司。

刚刚起步的汽车行业整合时机已经成熟。1908年，威廉·杜兰特(William Durant)成为一名整合者。威廉·杜兰特的职业生涯始于制造马车。1896年，他坐了朋友的马车，马车的框架是悬挂在弹簧上的，这在当时是一种创新。那次乘坐的平稳给杜兰特留下了深刻的印象，他购买了弹簧的专利，并开设了自己的商店，制造弹簧悬挂式马车。这次冒险成功了。到1900年，杜兰特–多特马车公司每年制造约5万辆马车，获得的利润十分丰厚。

1904年，杜兰特得知别克汽车公司现金不足，准备出售。尽管杜兰特认为汽车既不实用又危险，但他还是决定买下别克汽车公司，并由此进入汽车行业。在新资本的注入下，别克汽车的销量在1904年至1908年间迅速增长。受到这一成功的鼓舞，杜兰特将别克汽车公司合并重组为通用汽车公司，然后开始疯狂收购。新的通用汽车公司在1908年年底收购了奥兹汽车公司，并于1909年收购了凯迪拉克和奥克兰（后来成为庞蒂克）。然而，为了收购这些公司，杜兰特从银行借了很多钱。一年后，大量的借款导致杜兰特破产——随着《谢尔曼反托拉斯法》（*Sherman Antitrust Act*）的通过，美国投资者的情绪变得消极，加剧了1910—1911年的恐慌。在大恐慌期间，股市大幅下跌，经济疲软，通用汽车公司的银行变得非常紧张，它们实际上控制了通用汽车公司，并迫使杜兰特辞职。这是一个教训。在阳光明媚时看似可以接受的债务负担，往往在暴风雨中变得不可接受。如今，大多数公司通过债务与税息折旧及摊销前利润（以下简称EBITDA）的比率来判断自身的财务实力。一家公司可能会报告说，"我们目前的债务与EBITDA的比率是2.5比1，这与我们的目标是一致的"。问题是，如果该公司的收益遭遇严重冲击，其EBITDA比率可能很快就会跳出标准线，公司可能会面临财务压力。债务很少或没有债务的公司可以度过困难时期，并能再活一天。背负沉重债务的公司有时无法生存，或者需要以股东的利益为代价进行重组。雷曼兄弟公司就是一个例子。安然公司是另一个例子。1910年的通用汽车公司是第3个例子。在我看来，公司和个人应该将债务限制在使其能够在特别困难的时期生存下来的水平。1929—1930年股市崩盘后跳楼的主要是那些大量借贷的人。

在20世纪初，汽车主要是富人们的玩具。它们很贵，部分原因是手工制造汽车的效率低，产量少。而且它们也不可靠，正如一位记者所写的那样，

"又难闻又吵，还会吓到马"。因此，早期的这些无马马车主要用于娱乐，而不是作为交通工具。我祖母回忆说，大约在1900年，她父母的车只用于周日外出。汽车经常抛锚。他们家总是有一辆马车跟在汽车后面，如果汽车抛锚，车内人员被困，马车就可以把他们接回家。当他们在汽车发生故障后等待马匹和马车到达时，骑马的路人会高兴地向他们喊道："去弄一匹马来。"

汽车如果想要成为大众的交通工具，就需要变得更加可靠和便宜。1908年，亨利·福特（Henry Ford）的公司推出了T型车，这款车由一台简单可靠的发动机提供动力。福特T型车的定价很有竞争力，为825美元（相当于2022年的25500美元），这使得它从一开始就很受欢迎。T型车的销量从1908年的10202辆增加到1913年的168220辆。这款车在当时几乎主导了美国汽车市场。1913年第二畅销的汽车来自威利斯－奥夫兰多公司。该公司当年共售出37422辆汽车，仅为福特汽车公司销量的22%。

由于年销量远远超过10万辆，福特汽车公司需要开发大规模生产的技术来满足需求。1913年，该公司安装了一条移动装配流水线，这是最早用于制造工厂的装配流水线之一。流水线上有84个独立的步骤，每个步骤都有一名训练有素的工人。公司聘请了动作研究专家弗雷德里克·泰勒（Frederick Taylor）来尽可能地提高装配流水线的效率。以前制造一辆汽车需要很多个小时，现在只需要大约一个半小时。T型车的生产成本急剧下降，福特汽车公司几乎每年都在降低汽车的价格。到1924年，T型车的价格已跌至300美元以下。以300美元的价格，大多数美国人都能买得起一辆车。汽车需求因此爆棚。到1921年，福特汽车公司每年销售超过120万辆T型车。一个行业诞生了——并且福特汽车公司主宰了这个行业。

与此同时，威廉·杜兰特并没有坐着不动。在他被迫离开通用汽车公司后不久，他与赛车手路易斯·雪佛兰（Louis Chevrolet）一起成立了雪佛兰汽车公司。第一辆雪佛兰是一辆功能强大的豪华汽车，售价为2100美元。路易斯·雪佛兰喜欢动力强劲、速度快的汽车，而杜兰特认为有必要生产可以与福特汽车公司竞争的廉价汽车。两人在公司战略上存在分歧。杜兰特想要根香烟，而雪佛兰想要根雪茄。杜兰特赢得了这场争论，1913年，雪佛兰汽车公司开始销售定价为875美元的汽车。价格较低的雪佛兰汽车取得了成功，到1916年，雪佛兰汽车的年销量超过7万辆。

杜兰特随后制订了一个计划，以重新获得他在通用汽车公司的职位。他仍然是公司的大股东。雪佛兰汽车是盈利的，而且作为福特T型车统治地位的竞争者，它具有巨大的价值。1918年，杜兰特找到通用汽车公司，提出以股票交换的方式出售雪佛兰汽车公司。通用汽车公司接受了这个提议。出售雪佛兰汽车公司使杜兰特成为通用汽车公司最大的股东。杜兰特随后发起了代理权之争，重新获得了公司的运营控制权。但他的控制是短暂的。1920年，他被皮埃尔·杜邦（Pierre DuPont）赶了出去。杜邦公司一直在积累通用汽车公司的股份，到1920年已拥有足够数量的股份来行使控制权。

皮埃尔·杜邦随后做出了一个明智的决定，这个决定改变了游戏规则。这个明智的决定就是任命阿尔弗雷德·斯隆（Alfred Sloan）为运营副总裁。斯隆几乎立即采取行动，将通用汽车公司从一个效率低下、有些混乱的公司转变为一个高效、组织良好的公司，并制定了通往成功的战略——事实上，这使得通用汽车公司成为一个强大的公司。他对公司进行了重组，在不破坏各部门主管创造力和积极性的情况下，实施了集中的运营和财务控制。为了降低成本，他指示公司的工程师设计公司的5个品牌，这样他们就可以尽可能多地共享零部件，从而实现规模效率。他认识到，除了价格和可靠性之外，消费者还对汽车的造型感兴趣，所以新设计的车型具有华丽的外观。他推出了一种名为"杜科"的油漆，这种油漆干得很快，为消费者提供了广泛的颜色选择。而且，他给了消费者多种选择——他们可以选择购买低成本的雪佛兰汽车、中等价格的别克汽车、奥兹莫比尔汽车、庞蒂克汽车或豪华的凯迪拉克汽车。许多人认为阿尔弗雷德·斯隆是美国历史上最重要、最有能力的商人之一。他是工业界的爱因斯坦。

对于通用汽车公司的多样化风格，福特汽车公司反应较慢。虽然福特汽车公司在1922年收购了林肯轿车，并在1925年开始提供黑色以外的其他颜色的T型车，但该公司仍然严重依赖于1908年推出的这一款T型车，而这款车型已经过时了。在20世纪20年代，通用汽车公司迅速夺取了福特汽车公司的市场份额，到20世纪20年代末，通用汽车公司已成为美国最大的汽车公司，利润丰厚。1929年，该公司的税后利润率达到惊人的16.5%（销售额为15.044亿美元，净利润为2.483亿美元）。1929年福特汽车公司的净利润只有8180万美元。

我相信，许多公司和投资者不加批判地爱上了那些已经成为赢家的产品和股票，而未能对那些对其产品或股票的吸引力产生不利影响的事件做出充分的反应。亨利·福特对此负有责任。他没能不断地用市场现实来检验自己的策略。他没有意识到消费者的偏好已经改变了。他形成了一种确认偏误，即过分强调能证实自己最初推论的信息，而对与自己原始推论相反或不利于自己原始推论的新信息不够重视。

然后，风暴爆发了。1929年10月24日至29日，道琼斯工业平均指数下跌了24.8%，引发了美国历史上最严重的经济危机。通用汽车公司1930年年度报告中有一段话是这样写的："这一年世界上几乎所有重要消费国的经济形势都严重失衡。"嗯，这肯定是失衡的。美国的失业率从1929年的3.2%上升到1930年的8.9%，然后又上升到1933年的24.9%。道琼斯工业平均指数从1929年的高点381.17点暴跌至1931年年底的77.90点。由于通用汽车公司出色的管理水平，该公司在1930年和整个大萧条（或者，如果你不喜欢这个词，我们可以用"大调整"来称呼它）期间都保持盈利。尽管1930年通用汽车公司的销售额下降了34.6%，但当年该公司的税后利润率为15.4%。管理层是如何取得成功的？简单地说，它持续监测经济情况，一旦经济开始下滑，它就迅速采取行动降低生产量和成本。在公司1930年的年度报告中，管理层表示，公司很早就意识到汽车业务正在下滑，并采取行动"改变公司的策略，以适应趋势的变化"。据说，当暴风雨来袭时，悲观者抱怨风大，乐观者期待风势缓和，现实主义者则调整风帆。通用汽车公司调整了风帆。

在监测一家公司的健康状况时，我通常会研究该公司的库存水平。在销售疲软的时期增加的库存通常是公司生产大于销售的信号，说明管理层未能对销售疲软做出充分的反应。如果一家公司生产过剩，那么它就夸大了报告的收益，因为其固定成本被分配到比销售出去的产品更多的产品上。然后，当公司最终将生产水平降到销售水平以下，将库存降至正常水平时，报告的收益可能会急剧下降，因为固定成本被分配到正在生产的较少产品上。以通用汽车公司为例，1930年12月31日它的库存价值为1.363亿美元，比一年前的1.885亿美元下降了27.7%。因此，通用汽车公司产量的减少显然超过了销量的下降，这表明管理层正在严格管理。通过研究一家公司的资产负债表，投资者可以非常了解该公司的基本面。

（注：1938年，通用汽车公司采用了"GM"的昵称和标志，因此下文我将称该公司为"GM"。）

对GM来说，大萧条时期也有一线希望。在此期间，福特汽车公司表现不佳，连续几年亏损，当大萧条结束时福特汽车公司作为竞争对手的实力变弱了。此外，许多通用汽车公司的小型竞争对手完全破产，包括科德、杜兰特、富兰克林、皮莱丝、皮尔斯－阿罗和斯图兹。即使在大萧条中幸存下来，许多企业也变得虚弱，不再是有影响力的竞争对手，以至于最终也失败了。到1941年，汽车行业已经合并为3家更大的公司（GM、福特汽车公司和克莱斯勒汽车公司三巨头）和一些小公司。因此，在大萧条时期，GM的竞争地位显著提高。1926年，GM的市场份额约为20%。1940年是50%左右。GM已经成为"山大王"。

美国的新车销量在大萧条期间急剧下降，在1942年至1945年中期，当汽车制造厂被改造为国防工厂时，新车销量几乎完全停滞。之后，当第二次世界大战结束时，对新车的需求激增。数百万退伍军人需要交通工具。数以千万计的美国人需要更换他们破旧的战前汽车。1946年，我的父母开着一辆1935年的普利茅斯汽车，这辆车快报废了——或者我应该说，已经报废了。我父亲一般不说他要开普利茅斯汽车出去买牛奶。他一般会说他要开那辆老爷车出去。

20世纪50年代是GM的黄金时代，该公司的市场份额徘徊在50%左右。福特汽车公司和克莱斯勒汽车公司是竞争对手，但它们的经营状况和财务实力都不如GM。剩下的美国汽车制造商都极其虚弱，并且几乎没有来自进口汽车的竞争。欧洲和日本的工业和工厂大多在战争中被摧毁。1955年，GM的销售额为98.24亿美元，净利润为8.06亿美元，是全世界最大、最赚钱的公司。但并非一切都是完美的，野餐会上出现了一只臭鼬。这只臭鼬就是全美汽车工人联合会（以下简称UAW）。

UAW成立于1935年，旨在为汽车工人争取更高的工资和更好的工作条件。到20世纪30年代末，UAW拥有大约15万名会员，因此拥有了权力。在早期，UAW采取了一个巧妙的策略。在谈判期间，它将三巨头之一作为目标，对其提出要求。如果这些要求没有得到充分满足，UAW就会以罢工打击目标公司，而不是其他两家公司。这是一个有效的策略，因为长期罢工会降低目标公司的市场份额和财务实力——可能是永久性的。因此，目标公司在压力下会同意UAW的许多要求。UAW因此扼住了汽车公司的咽喉。

第二次世界大战结束后的几周内，UAW就把目标对准了GM，要求加薪30%、带薪休假和加班费。GM试图通过谈判达成和解。但是，当谈判失败时，GM受到了罢工的打击。在停工113天之后，GM最终同意加薪17%，并提供成本高昂的假期和加班福利。

多年来，UAW的持续诉求对三巨头的成本结构产生了重大的不利影响。根据美国劳工部的数据，从1945年到1980年，汽车工人的时薪以8.2%的复合年增长率增长，从每小时1.06美元增长到16.85美元。在同样的35年期间，美国消费者物价指数仅以年均4.4%的速度增长。此外，除了加薪，汽车工人还要求并得到了养老金计划、健康保险、限制性工作规定和失业保险。如果一名汽车工人被解雇，他将在很长一段时间内继续领取工资的很大一部分。失业保险削弱了汽车公司调整生产计划以应对汽车需求增减的能力。

第二次世界大战后，美国政府向欧洲和日本提供了大量财政援助。援助的一个目的是慈善，而另一个目的是私利。美国强烈希望阻止共产主义的蔓延。美国国务院得出的结论是正确的，即重建饱受战争蹂躏的国家并让它们依赖美国的援助，它们就更有可能拒绝共产主义。

在20世纪50年代，日本需要先有东西吃，才能让汽车上路。但是，到了1960年，在美国援助的帮助下，日本的经济已经恢复到可以开始大规模生产汽车的程度。在整个20世纪60年代，日本汽车对GM并没有构成实质性威胁。美国消费者普遍喜欢GM制造的强劲大型车。而大多数日本消费者喜欢便宜而省油的汽车。因此，日本汽车往往体积较小，动力较弱。此外，美国消费者对购买相对不知名的品牌犹豫不决。再有就是，日本的汽车公司在美国没有庞大的经销商网络。1969年，GM在美国市场的份额为45.8%，而三巨头的总份额为86.2%。丰田汽车公司的市场份额仅为1.1%。而本田汽车公司当时还没有进入美国市场。

与美国汽车公司相比，日本汽车公司享有巨大的成本优势。1970年，美国汽车工人的时薪为5.65美元左右，而日本汽车工人的时薪仅为1.14美元左右。而且，当美国公司背负着烦琐的工作规则和成本昂贵的福利时，日本员工往往会自我激励，努力高效地工作。此外，GM的生产主要集中在老旧的工厂，而日本汽车公司的生产则集中在采用最先进设备和技术的新工厂。

1973年10月6日，埃及和叙利亚军队入侵以色列。13天后，尼克松总统要求美国国会拨款22亿美元用于对以色列的军事援助。这一要求显然使美国站到了以色列的阵营。在尼克松提出要求后，欧佩克的12个成员方立即宣布，它们将停止向以色列的盟友出口石油。欧佩克实施石油禁令有两个明显的动机：惩罚以色列的盟友和提高石油价格。10月25日，随着埃及和叙利亚军队四散奔逃，以色列军队逼近开罗和大马士革，交战三方同意停战，结束了为期19天的战争。但是欧佩克将石油禁令维持到了1974年3月，并实现了提高石油价格的目标。战前，原油的售价为每桶2.90美元。禁令结束后，石油价格接近每桶12美元。从1973年到1975年，美国汽油的平均零售价格上涨了64%，从每加仑36美分涨到59美分。

汽油价格的急剧上涨促使许多美国人购买节油的日本汽车。到1980年，GM的市场份额下降到44.2%，三巨头的市场份额下降到73.8%。1980年，丰田汽车公司的市场份额增加到6.2%，本田汽车公司进入市场后，其市场份额达到3.3%。

GM需要对此做出回应——它设计了更小、更省油的汽车。但是，日本汽车公司拥有巨大的成本优势，可以选择使自己的汽车定价低于美国汽车，也可以选择利用部分或全部的成本优势来生产质量更高的汽车。GM陷入了困境。为了销售汽车，GM必须具有价格竞争力。但如果不降低成本，GM不可能既保持价格竞争力，又实现盈利。不幸的是，由于其限制性的劳动合同，GM发现，唯一实质性地降低成本的方法就是降低汽车的质量——购买更便宜的零件和材料，并减少质量控制。很快，通用汽车就变得不那么可靠了。它们的内部变得不那么豪华。它们的车体变得更小。日本汽车和通用汽车质量上的差异并没有被美国消费者忽视——越来越多的美国人选择购买丰田汽车和本田汽车。

GM在美国的市场份额于1990年下降到35.1%，2000年下降到27.8%。该公司面临着压力——GM也知道这一点。1997年，管理层进行了一项竞争力研究。该研究的结论是，汽车行业的竞争日益激烈，并面临持续的定价压力。研究结果显示，GM计提了64亿美元的税前减值和重组费用。重组在阻止经济基本面恶化方面收效甚微。截至2007年年底，GM已经连续3年没有盈利，净负债为127亿美元，普通股权益为负371亿美元。这家公司是一艘正在下沉的船。

2008—2009年金融危机期间，汽车需求急剧下降，导致这艘船终于沉没了。GM于2009年6月1日根据《美国破产法》第11章申请了预先破产。40天后，GM脱离破产保护，成为一家还算强大的公司，其员工减少了2万人，工厂减少了14家，经销商减少了2400家。两个不盈利的品牌（庞蒂克和土星）被淘汰。在申请破产前，该公司有289亿美元的（员工）退休后医疗负债。脱离破产保护后，其医疗负债仅为87亿美元。2008年12月31日，该公司的债务比现金多391亿美元。一年后，它的现金比债务多224亿美元。

虽然历史通常不会重演，但我相信我花在研究GM历史上的时间是值得的。通过对UAW、来自国外的竞争和破产程序细节有所理解，我对该公司的基本面有了更好的了解。

2018 年年初，我与福特汽车公司的首席财务官鲍勃·尚克斯（Bob Shanks）共进早餐。鲍勃提到，福特汽车公司的轿车和小型SUV（运动型多用途汽车）业务基本上不盈利，但公司的卡车业务利润很高，对公司的未来至关重要。福特汽车公司的卡车业务包括皮卡、大型SUV（基于卡车框架制造）和厢式货车。我在餐巾纸上做了一些计算。我知道福特汽车业务2017年的税前收益为73亿美元。我的结论是，福特卡车业务2017年的税前收益约为100亿美元，营业利润率约为17%。鲍勃看了我的计算，评论说和它们的真实数字非常接近。现在我有想法了。为了便于分析，福特汽车公司的业务可以分为3类：不盈利的轿车业务，利润很高的卡车业务，以及不太重要的金融子公司（福特信贷）。如果福特汽车公司能够停止销售轿车以减少亏损，那么每年销售卡车可以获得100亿美元的税前收益，这样一来福特汽车公司的税后收益大约为每股2美元。而且，由于其几乎所有的收益都来自有利润的卡车业务，该公司的价值应该远远超过10倍的收益，或远远超过每股20美元。该股当时的售价约为10美元。我想我可能有了个主意。

回到公司后，我决定研究轻卡业务。福特汽车公司在2017年售出了约118万辆卡车，其中约95万辆是皮卡。因此，我把学习的重点放在了皮卡上。直到20世纪60年代，皮卡主要被农民和贸易工人用于商业目的。但在20世纪60年代，皮卡也开始在非商业用途上流行起来——用于拖船、运送杂货或其他家庭用品。重要的是，皮卡在很大程度上是以北美为中心的汽车。在欧洲和日本，狭窄的道路、城市化和高汽油税阻碍了皮卡的使用。因此，日本和欧洲在很大程度上忽视了全尺寸皮卡市场。此外，自1964年以来，所有进口到美国的轻卡都被征收25%的关税。这种关税被称为"鸡肉税"。在20世纪60年代初，欧洲农民抱怨说，与从美国进口到欧洲的鸡相比，他们的鸡在成本上没有竞争力。为了应对来自农民的政治压力，欧洲对鸡的进口施加了严格的限制。美国林登·约翰逊（Lyndon Johnson）总统随后也对卡车征收25%的"鸡肉税"作为报复。因此，全尺寸皮卡市场在很大程度上仍然是由三巨头主导的寡头垄断。丰田汽车公司和日产汽车也在美国建了工厂，生产全尺寸皮卡，但这两家日本公司都未能在市场上取得多大的进展。由于几乎没有外国竞争对手，三巨头能够通过对皮卡的定价来赚取高额利润。而且，似乎有一个不成文的君子协定，即没有一家公司会把价格作为获取市场份额的武器。这3家公司都不想杀鸡取卵——而且显然没有明显的理由去改变这一点。

在对福特汽车公司的卡车业务产生热情之后，我决定把注意力更多地转向GM，而不是福特汽车公司。这有几点原因。首先，福特汽车公司在北美的效率不如GM。其次，福特汽车公司在欧洲、南美洲和中国的业务都比较少。GM已经退出欧洲，在南美洲和中国的业务比福特汽车公司更强大。此外，重要的是，GM的首席执行官玛丽·巴拉（Mary Barra）享有良好的声誉，而福特汽车公司的新任首席执行官还是个问号。在判断一家公司的吸引力时，就像赛马一样，骑师往往比马更重要。

当我发现一个可能的投资想法时，我就开始分析这家公司。我把分析定义为详细检查一家公司的重要部分。GM有6个主要部门：

（1）北美卡车

（2）北美轿车和跨界车

（3）中国市场

（4）其他国际市场

（5）通用汽车金融

（6）巡航艇（该公司的自动驾驶汽车子公司）

2017年，GM在北美的汽车销售收入为1110亿美元。我最乐观的估计是，这1110亿美元中约有610亿美元来自卡车（GM以平均每辆4万美元的价格售卖了152.5万辆卡车）。我进一步估计，卡车业务的税前利润率约为17.5%，因此，卡车业务的税前收益约为107亿美元，按25%的实际有效税率计算，税后收益约为80亿美元，按14.5亿股流通股数量计算，每股收益为5.5美元。我知道2017年公司在北美地区的税前利润总额为119亿美元。因此，我估计北美轿车和跨界车市场的收入约为500亿美元，而税前收益为12亿美元（税后大约每股0.6美元。译者注：12＝119－107）。我得知北美地区的轿车和跨界车业务是微利的——所以，我的估计是有道理的。GM的公开文件披露了其他4个部门的收益，当然，还披露了公司的管理费用和利息支出。因此，我对该公司2017年的收益明细进行了估计。然后，我试着尽可能多地了解每个部门，这样我就能预测出每个部门在正常经济环境下的收益。最后，我把对每一部分业务的预测加起来，得出的结论是，GM的正常收益应该是每股7美元左右。2017年GM每股收益6.62美元，所以我每股7美元的预测似乎是合理的。

接下来，我估计了GM的价值。我相信卡车业务是一个非常好的业务，其市盈率约为15倍。我曾预计，这部分业务在正常年份的每股收益约为5.50美元，因此，我估计它的每股价值约为85美元。GM资产负债表上的现金多于债务。它的管理很强大，其股价约为36美元。即使非卡车业务没有任何价值，其股价似乎也很便宜。所有信号都启动了。2018年3月28日，我以均价35.52美元购买了200万股。第二天，我又以36.02美元的均价购买了200万股。在接下来的几个星期里，我继续购买股票，几周后，我们满仓了该公司的头寸。

我们通常不会只购买一家公司的股票，除非我们有理由相信这家公司的股票会在未来大幅升值。我们持有GM股票的理由很明确。人们普遍错误地将该公司视为一家轿车公司。我们认为它是一家卡车公司。轿车业务是糟糕的，但卡车业务是很好的。最终，其他投资者会意识到卡车是GM大部分收益的来源，其股票也会被重新估值。

2018年夏天，我和GM总裁丹·阿曼（Dan Ammann）约好在一个早上的7点共进早餐。我提前10分钟到达了餐厅，站在门口等一个看起来像GM总裁的人。我以为总裁会是一个穿着保守西装的衣冠楚楚的男人。差几分钟快到7点的时候，一个留着胡子、穿着皱巴巴的运动夹克、名牌牛仔裤和靴子的高个子男人走进了餐厅。我看着他，他也看着我。他不可能是GM的总裁。但他向我走来，问我是不是艾德加。早餐很有趣，而且信息量很大——我对GM的看法上升了一个层次，因为丹·阿曼看起来聪明、知识渊博、积极向上、脚踏实地，这从他的外表上就可以证明。

2019年，GM股价低迷，交易价格在35美元至40美元之间。该公司在很大程度上仍被视为一家在10年前破产的二流轿车公司。7月，我会见了GM的首席执行官玛丽·巴拉。我试图说服玛丽去宣传GM事实上是一家强大的卡车公司，而不是一家弱小的轿车公司。玛丽同意披露更多关于公司收益来源的信息，她还补充说，投资者也应该意识到GM即将成为一家技术公司——电动汽车、自动驾驶汽车、网联汽车。听过之后，我有了一个新的想法。我建议GM更名为通用技术公司。一个新的、大胆的、更现代化的名字很可能会改善公司的形象。玛丽回应说，其他人也建议改名，但在世界各地安装新的标志太昂贵了。然后我说："如果你们把名字改成通用流动（General Mobility），你们仍可以保留'GM'的标志。"玛丽礼貌地笑了笑。

2019年股市表现强劲，我们持有的几只股票已经升值到了从风险回报比来看不再具有吸引力的水平。这些股票被我们卖掉了——到了年底，我们的现金头寸增加到了30%以上。我卖出股票的一贯原则是，一旦我们持有股票的理由被其他投资者普遍接受，或者一旦股票升值到我们的估值目标，我们就卖出该股票。

在我们的买卖操作中，有两笔交易是我们最大的持仓。2014年年底，我们购买了摩根大通的股票。当时，由于许多投资者担心银行面临2008—2009年金融危机引发的不利诉讼和立法，该公司的股价很低。我们认为这些担忧被夸大了，随着时间的推移会缓解。第二年，我们购买了空中客车公司的股份。2015年，由于一款全新机型（A-350）和两款正在重新设计的机型（A-320和A-330）的启动成本，该公司的收益受到了抑制。2015年，空中客车公司的每股收益约为3美元，股价约为57美元。我们相信空中客车公司是一家管理良好、定位良好的公司，一旦不再需要启动成本，每股收益应该会超过10美元。到2019年，投资者不再那么担心影响摩根大通的不利诉讼和立法，而随着启动成本的降低，空中客车公司的收益也开始大幅增长。我知道很难和朋友说再见——可是摩根大通和空中客车公司很快就成了要说再见的朋友。为了获得高回报并控制风险，我认为作为投资者，保持自律是绝对必要的。

2020年年初，我们听到了关于一种病毒开始在世界各地传播的报道。坦白地说，我没有对病毒给予足够的重视。曾有一次，我告诉我的同事，"看起来我们将迎来一个严重的流感季节"。起初，新冠肺炎疫情对股票价格没有太大影响。2020年初，标准普尔500指数的交易点位为3231点。该指数在2月底和3月初略有下降，但在3月6日星期五，它仍然在接近3000点的位置。然后，一切都乱套了。3月9日，周一，市场下跌了7.6%。许多投资者开始担心新冠肺炎疫情。然而，我还没有明白它的意义。我们持有高质量、定价过低的股票，这些股票在未来几年有可能大幅升值。为什么我要担心一个严重的流感季节？

3月13日星期五，美国政府宣布全国进入紧急状态。这一声明敲响了警钟。我现在意识到，我们的国家正面临着一场重大的健康危机，这可能会导致人们就地避难，从而导致很大一部分美国工业被关闭。当我们购买一家公司的股票时，我们会考虑几种可能会永久损害该公司价值的不利情况，但工厂、办公室和商店的长期关闭从来不是其中之一。我们正在经历一场黑天鹅事件。在那个周五晚上，我的第一反应是保持冷静，并分析我们所持有的每一只股票，以确定如果美国的大部分经济在未来几个月里仍处于关闭状态，这些股票遭受重大的永久性减值的可能性。如果任何持有的股份有很大可能出现永久性减值，我将部分或全部出售该股份。在选择要购买的股票时，我不会选择可能回报最高的股票，而是选择那些在情况转坏时我仍旧能够接受的、可能回报最高的股票。举个例子，跳伞。我可能会认为跳伞是我能想到的最有趣的活动。但如果每次跳伞都有1%的死亡概率，我就不会选择跳伞。

周末，我检查了我们所持有的每只股票。我很快开始担心，如果经济继续关闭几个月，花旗集团可能会出现严重的收益和财务问题。这家银行有大量的信用卡贷款。许多美国人将在政府关门期间失去收入，无法偿还他们的信用卡债务。

我还开始担心GM的流动性。GM的资产负债表上通常有大量的应付账款（欠供应商的钱）。相反，GM的资产负债表上只有少量应收账款，因为经销商在车辆交付时才付款。如果GM停止生产，它将不再从经销商那里获得现金，但它仍必须向供应商支付所欠的款项。因此，当GM的装配线关闭时，该公司将遭受大量现金流出。此外，当装配线关闭时，公司还会产生大量现金的经营损失，因为它仍然必须支付大部分员工的工资。我花了几个小时对各种可能性进行建模，得出的结论是，即使该公司全额贷款，如果被迫关闭9至12个月，该公司也可能会耗尽现金。

到周日下午，我不情愿地决定大幅减持花旗集团和GM的股票。不幸的是，周日的消息很糟糕。纽约市表示其将立即关闭学校。据媒体报道，目前美国新冠肺炎病例总数已达3000例。美国联邦储备银行周日召开紧急会议，并于下午5点宣布将联邦基金利率下调1.0%，使其只有0.00%~0.25%。许多投资者对降息的解读是负面的——美国联邦储备银行对新冠肺炎疫情和经济深感担忧。截至周日晚，股指期货大幅下跌。

周一，标准普尔500指数下跌12.0%，当年已累计下跌26.1%。尽管市场急剧下跌，我还是咬紧牙关，开始出售一些GM和花旗集团的股票——整个星期我都在继续出售股票。GM的股价已经跌破20美元。以这样的价格出售股票是痛苦的——非常痛苦。

我在新冠肺炎疫情的危机中汲取了惨痛的教训。一旦我察觉到新冠病毒正在美国传播，并且具有高度传染性，就应该以更开放的思维意识到这种病毒可能导致的不仅仅是一个糟糕的流感季节而已。我应该研究1918年的西班牙流感。那样的话我可能会得出这样的结论：为了避免像1918年导致如此多人死亡的疫情蔓延，我们的政府可能会要求采取适当的封闭措施，这些措施的结果就是许多企业将被迫关闭，花旗集团和GM的基本面可能就会受到很大压力。这样的话，我可能会在这两家公司的股票大幅下跌之前卖出它们。在投资行业中，提前预测并率先行动是有好处的。诺亚在开始下雨之前就造好了方舟。我也应该在洪水到来之前建造我的方舟。

但是，也许我对自己太苛刻了。许多决定只有在事后看来才是显而易见的。

在市场大幅下跌之后，许多实力强大的公司的股价相对于它们在新冠肺炎疫情前的价值来说异常低迷。在2008—2009年金融危机期间，我们列出了一份被严重低估的、我们可能在流动性危机结束时购买的股票清单。为了监测危机，我们监测了信贷息差。2009年3月，当信贷息差收窄时，我们得出结论，流动性危机已经结束，我们积极购买了清单上的股票。由于这些购买，我们的投资组合在2009年的剩余时间里和2010年整年大幅升值。我在2020年的计划与我们在2008—2009年的计划相同。我们会等到美国经济复苏的可能性很大的时候，用2019年出售股票以及最近出售部分花旗集团和GM的股票所获得的现金，积极购买异常低迷的股票。

3月26日，美国参议院通过了《冠状病毒援助、救济和经济安全法案》（*CARES Act*），该法案将为经济提供2万亿美元的援助。美国2019年的GDP是21.4万亿美元，所以2万亿美元无论是相对值还是绝对值，都是一个很大的刺激计划。重要的是，《冠状病毒援助、救济和经济安全法案》是一个明确的信号，表明美国政府将采取大规模的措施保护经济。这就是我一直在等待的信号。于是我在3月26日购买了11家公司的股票，并在接下来的几周里继续购买股票。

然而，直到GM宣布其计划重新开放工厂，我才开始重新买入该公司的股票。那时已经是4月中旬了。在重新买入股票之前，我回顾了GM的基本面。其中重要的是，GM在2月5日披露，其卡车业务的收入为650亿美元，税前利润率在15%左右。因此，卡车部门的利润略高于我之前的估值。这一披露增强了我的信心，让我相信GM的盈利能力至少为每股7美元。4月中旬，该公司股价约为22美元，略高于正常预期收益的3倍。我不再担心公司的流动性。玛丽·巴拉听从了我的建议，披露了卡车业务的盈利能力。也许其他投资者将会开始称GM为一家卡车公司。目前股票看起来很便宜。

大约一个月前，我们以大约18美元的价格出售了GM的股票。我经常发现，从心理上讲，以高于之前卖出股票的价格买回这些股票很难。但我试着向前看，而不是往后看——我试着记住，做决定应该不带感情色彩，而是要基于基本原则。

从3月26日到4月30日的5周时间对投资者来说是一个黄金机会。许多股票的售价可能会带来巨大回报。我们能够以低价购买GM的股票（这样的低价可以使我们获得的收益为预期的正常收益的3倍），除此之外，我们还能够以大约135美元的价格购买迪尔公司的股票，获得的收益大约是2021年预期收益的8倍。迪尔公司在大多数市场上都是拖拉机和其他农业设备的主要生产商，而且该公司在精准农业领域遥遥领先。此外，我们还能够以大约35美元的价格购买摩根士丹利的股票，这个价格比该公司的有形账面价值低了15%，仅是该公司正常盈利能力的5倍左右。最后，我们还能够以大幅低于其有形账面价值的价格（相当于其预期盈利能力的3到5倍）购买几家住宅建筑商的股票。我注意到，我们只购买那些在财务和其他方面都很强大的公司的股票，这些公司极有可能在经济急剧下滑时幸存下来。我们拒绝了许多具有特别大上升潜力的股票，因为如果出现深度和长期的经济衰退，其资产负债表或业务线可能会带来流动性或偿付能力风险。我们可不愿意跳伞。

多年来，我们的回报中有相当大的比例来自少数几个机会。3月26日至4月30日期间就是这样一个机会。重要的是，从正常标准来看，有时个股、股票组合或整个市场正以被严重低估的价格出售，我们要利用这样的情况。投资者不能等被低估的原因消失时才有所动作，而是必须在他认为该原因很有可能在不久的将来消失时就提前采取行动。据说成功的投资就是比别人更准确地预测未来。

随着新冠肺炎疫情危机的缓解，人们对经济的各种预测让我觉得很有趣。一些人认为经济将出现U型复苏，一些人认为是V型复苏，还有一些人认为是W型复苏。另有一些人认为，在接下来的几个季度里，经济根本不会复苏。我不知道经济会怎样发展。我很少预测经济。有太多的已知和未知变量以及复杂的相互依赖关系需要考虑。在2020年，我读到或听到了至少100个关于经济和股市复苏的预测，但没有一个预测到2021年夏天，根据历史指标，股市会被高估，投机活动会泛滥，通货膨胀率会上升到7%以上，或者失业率会下降到4%以下。当听到电视评论员、经济学家或投资经理试图预测宏观环境时，我有时会想起伍迪·艾伦（Woody Allen）的评论："我很惊讶，有些人想了解整个宇宙，而认识唐人街周围的路都已经很困难了。"

到2021年春天，我们持有的许多股票已经大幅升值，它们似乎已经不再是有吸引力的投资。这些股份被出售了。因为当时股票市场正处于历史高位，所以我们无法找到任何有吸引力的股票来替代我们卖出的股票。我们的现金水平增加到投资组合价值的60%。由于大多数其他投资者在2021年仍保持相对充分的投资，我们60%的现金头寸显得非常突出。我从不担心我们的投资组合看起来与别人不同。我只是想做在现有情况下，从理智上来看正确的事。我愿意做一个孤独的人。

2020年11月3日，乔·拜登（Joe Biden）当选美国总统。拜登的核心议题之一是气候变化。汽车行业知道这一点，并担心拜登政府会对碳排放实施监管，从而使该行业付出高昂的代价。在我看来，许多汽车公司明智地决定，它们要抓住应对气候变化的主动权。GM就是其中之一。在11月19日的一次演讲中，玛丽·巴拉宣布，GM将在2020年至2025年的5年时间里，在电动汽车上增加70亿美元的投资，而在此期间，GM将在电动汽车和自动驾驶汽车上总共投入270亿美元。她进一步宣布，"电动汽车是创造GM股东价值的核心"。现在我很清楚，汽车行业即将经历一场系统性的变革——我必须做一些功课，试图了解这种变革对GM的基本面和价值观的影响。

2019年末，关于电动汽车，我只知道以下几点。它们有很棒的改进。驾驶它们很有趣。而且，它们在本质上比内燃机汽车更容易维护，这主要是因为它们的传动系统包含的活动部件要少得多。

尽管电动汽车有许多吸引人的特性，但在2019年，在考虑税收抵免之前，它们在成本上与内燃机汽车相比不具有竞争力。经验法则是，当电池组（连接在一个隔层里的电池）的成本下降到每千瓦时约80美元时，电动汽车才会具有竞争力。2019年年底，电池组的成本约为每千瓦时180美元。因此，一辆电池容量为100千瓦时的电动汽车的制造成本将比同等级的内燃机汽车高出约1万美元。在11月19日的发布会上，玛丽·巴拉表示，到2023年，GM的新型Ultium I型电池将使电池组成本降至每千瓦时约100美元，到2025年，其Ultium II型电池将使成本降至每千瓦时约80美元。如果玛丽·巴拉是正确的，市场对GM电动汽车的需求将在2025—2030年激增。

因此，了解GM在电动汽车世界中的表现是很重要的。我首先研究了这家公司在电动汽车方面的历史，结果很糟糕。1990年，加利福尼亚州通过了低排放汽车计划。该计划旨在减少该州的温室气体排放。GM担心旨在减少有害气体排放的立法将对公司业务产生不利影响，决定研发生产电动汽车。1990年，该公司设计了一款名为"冲击"的概念电动汽车，该车由32节铅酸电池供电。GM制造并测试了50辆"冲击"电动汽车。这款车的测试结果和预期经济效益都令人沮丧。于是该项目被取消了。50辆"冲击"电动汽车被销毁。在1996年，该公司推出了EV1，这成为现代第一款大规模生产的电动汽车。但EV1的制造成本很高，而且续航里程只有约160千米。它仅限于本地驾驶。制造了1117辆后，1999年，GM停止生产这款车。1117辆EV1中的大部分都被碾成了废铁。

在早期的电动汽车项目中，GM使用了铅酸电池或镍氢电池。到2005年左右，锂离子电池的技术已经发展到可以用于电动汽车的阶段。锂离子电池改变了游戏规则。它们每同等单位重量能提供比铅酸电池和镍氢电池更多的能量，而且寿命更长，充电更快，还更容易维护。

在我看来，GM应该立即认识到锂离子电池的潜力，并应该启动两个项目来开发基于这种新电池的电动汽车——一个是面向大众市场的汽车开发项目，另一个是面向豪华高性能市场的汽车开发项目。除非有大量的税收抵免，否则面向大众市场的电动汽车将不具有经济效益，但如果各州强制限制排放，将使GM处于有利地位。另外，高性能的豪华电动汽车可能会为GM创造一个新的利润丰厚的市场，并可能使该公司作为先行者获得宝贵的领先优势。的确，在2005年左右，一辆豪华电动汽车的价格要高于一辆同等豪华的内燃机汽车。但GM应该知道，许多豪华车的车主对性能和功能更感兴趣，而不是价格，他们愿意为一辆能在6秒内从0加速到约97千米/小时的最先进汽车支付溢价。GM犯了错误。而特斯拉将这个机会捡了起来。GM没能开发出豪华电动汽车，直到2016年年底才推出了下一代纯电动汽车（雪佛兰Bolt）。那时，特斯拉已经销售电动汽车7年了。

GM在2005年左右犯了一个重大的战略错误，直到2021年，该公司才完全致力于成为电动汽车领域的领导者，这一点从它决定建造几座生产Ultium电池的工厂就可以看出。我需要评估这种承诺带来成功的可能性。我知道，要想成功，电动汽车必须拥有低成本的电池组、高效的动力系统以及最先进的电子设备和管理软件。我并不太担心GM在电池技术上落后。虽然世界上几乎每一家汽车公司都在试图开发一种高效可靠的低成本电池，但我认为这种情况不太可能发生：有一家公司发明了一种性能优越的电池并为其申请了专利，然后不允许其竞争对手获得这项技术的许可。政府可能不会允许一项会危及数十家汽车公司生存的技术被垄断。相反，我相信一些公司会形成适度的成本优势，部分原因是规模效率。幸运的是，考虑到GM的规模（美国最大的汽车公司）及其大规模生产Ultium电池的计划，它会发展出规模效率。

然后，我思考了GM是否有机会成为开发高效动力系统、先进半导体芯片和软件领导者——这两者都需要创新和技术。在这一点上，我再次持乐观态度，主要是因为我非常相信美国的创新和技术。美国公司和其他美国实体最近一直是世界上很大一部分重大技术进步的创新者，包括但不限于计算机、半导体、软件、互联网、智能个人设备、社交网络、DNA测序、生物技术和先进的武器装备。在我看来，世界上大多数发达经济体似乎都存在抑制创新的结构性缺陷。欧洲总体上规章制度更严格。当我们持有空中客车公司的股份时，我有时会与该公司的首席执行官汤姆·恩德斯（Tom Enders）会面。在一次共进早餐时，汤姆提到，他希望自己是一家美国公司的首席执行官，而不是一家注册于法国的公司的首席执行官。汤姆必须与政府的干预、强大的工会以及（人们）不愿改变和前进的普遍态度作斗争。此外，日本也似乎有一种不充分鼓励创新的文化。日本企业往往等级森严。这使得年轻员工不愿与体制对抗——不愿承担风险。1999年，我和妻子苏骑行穿越了日本的部分地区。在一个镇上，我们遇到了一位高中数学老师。当时，美国的教育体系受到了批评。在标准化考试中，日本和其他几个国家的学生的成绩明显高于美国学生。这位日本数学老师有完全不同的解读。她说，美国学生在创造性思维、推理、表达和社会交往等更重要的技能上更胜一筹。她说，日本学生倾向于死记硬背。他们在课堂上太顺从（老师）了。他们没有受到鼓励，去发挥自己的想象力。她正在学习美国的数学课程和教学方法。她想把日本的制度改为美国的制度。

我的结论是，美国的汽车公司极有可能成为生产具有高成本效益、技术先进的电动汽车的领导者。特斯拉已经是领导者了。GM斥巨资追赶特斯拉，并正在其生产自动驾驶汽车的子公司开发先进软件和其他技术。一些用于开发自动驾驶汽车的技术可能会加速电动汽车的发展。在我看来，GM在电动汽车领域处于成功的有利地位。

在研究GM的电动汽车项目时，我发现了一个惊人的对比。据彭博新能源财经报道，生产电池组的平均成本已从2010年的每千瓦时约1200美元降至2019年的每千瓦时180美元。这让我想到了下降的速度。在当今世界上，技术进步趋向于快速发展。因此，使电动汽车变得价格合理、具有吸引力所需的技术很可能也会迅速发展，以至于在几年内，大多数现有的汽车公司都将拥有商业上可行的电动汽车。然而，不幸的是，下一步可能是电动汽车市场的标准商品化。许多竞争者会互相复制对方最好的想法，结果是大多数电动汽车的外观和性能都差不多。当然，这种情况几十年前就发生在内燃机汽车市场上。今天，丰田汽车公司、本田汽车、日产汽车、斯巴鲁、大众汽车、现代汽车、雪佛兰和福特汽车公司制造的中等价位SUV在外观和性能上非常相似。因此，在正常时期，价格竞争激烈，利润率很低。在2018年和2019年，宝马公司、戴姆勒（梅赛德斯－奔驰）和丰田汽车公司的税前营业利润率都在5%至8%之间。此外，GM的轿车和小型SUV业务的利润率也很低。因此，我的分析使我得出这样的结论：从长远来看，GM的汽车制造业务要想保持合理的盈利，该公司的卡车业务需要继续保持非常高的盈利水平。

在得出这些关于电动汽车市场的预期结论后，我认为简要分析一下特斯拉会很有趣。2021年，特斯拉以4.9万美元的平均价格售出了约92.5万辆汽车。让我们假设特斯拉在2030年的交付量将增加到600万辆，平均价格为7万美元。基于这些假设，到2030年，特斯拉的汽车销售收入将达到4200亿美元。我进一步假设，到2030年，电动汽车已经实现商品化，特斯拉的税前营业利润率为10%。基于这些假设，并假设有效税率为25%，到2030年，特斯拉电动汽车业务的税后利润将达到315亿美元。这些盈利的价值是多少？近年来，宝马公司、戴姆勒、丰田汽车公司、GM和大多数其他汽车公司的市盈率通常都在6到8倍。投资者目前认为，汽车行业的增长速度缓慢，已经标准商品化，盈利能力有限。我预感到，一旦特斯拉走向成熟，并面临来自有能力的大型公司的激烈竞争，根据我的假设，它的价值可能不会超过盈利的10倍——到2030年大约为3150亿美元。在我分析特斯拉的时候，该公司的市值是8790亿美元，而 GM 的市值只有 800 亿美元。当然，我的假设只是假设。但是，如果到 2030 年有很多公司生产高质量的电动汽车，在我看来，以 8790 亿美元的估值长期投资特斯拉的股票可能会被证明是一项糟糕的投资。

我对特斯拉的简要分析让我想到了其他以高市盈率出售的科技公司。2021 年 12 月 18 日，奥多比以其收益的 44.6 倍出售，奈飞公司为 52.4 倍，英伟达为 64.1 倍，软件营销部队为 51.4 倍。只有在这些公司继续保持技术优势，并在多年内快速增长的情况下，这些市盈率才有可能是合理的。但是技术发展非常迅速。雷·库兹韦尔（Ray Kurzweil）在他的《奇点临近》（The Singularity Is Near）一书中指出，技术正在呈指数级发展。在布莱恩·科再奇（Brian Krzanich）担任英特尔的首席执行官时，他所做的一次演讲中有一个类比让我着迷。英特尔的第一款微处理器（4004）和大众汽车的超级甲壳虫都是在 1971 年推出的。科再奇表示，自 1971 年以来，英特尔微处理器的性能提高了 3500 倍，时钟频率提高了 6 万倍，能量效率提高了 9 万多倍。科再奇补充说，如果大众汽车的超级甲壳虫发展速度与英特尔的微处理器相同，那么它将能够以每小时约 48 万千米的速度行驶，每加仑燃料可以行驶约 322 万千米，成本约为 4 美分。投资者怎么能有信心确认奥多比、奈飞公司、英伟达和软件营销部队在未来 5 年或 10 年还能保持它们的技术专营权呢？股票市场上到处都是曾经的成长型公司，当它们失去了自己的技术优势时，就失去了购买它们股票的投资者。

我乐观地认为，在一段时间内，美国公司将作为新技术的创新者继续引领世界，这些新技术将帮助世界变得更美好。然而，我确实有着更长期的担忧，担心对我们资本主义体系日益增长的负面情绪最终将导致更多的监管，对公司和富人征收更多的税，从而降低创新和投资的动力。许多一流学院和大学的教授在讲课时，说企业及其领导人都很贪婪，企业是不负责任的环境污染者，并且许多企业高管拿着过高的薪酬，这让我开始关注反资本主义情绪。2014年5月19日，迈克尔·布隆伯格（Michael Bloomberg）在哈佛大学毕业典礼上的演讲引起了我的注意。民主党人布隆伯格批评许多校园缺乏政治多样性。以下是布隆伯格演讲的节选：

> 根据联邦选举委员会的数据，在2012年的总统竞选中，96%的常春藤联盟教职员工竞选捐款被捐给了巴拉克·奥巴马（Barack Obama）。96%……这个统计数据应该让我们停下并认真思考。尽管我是一个支持奥巴马总统连任的人，但我也想说，没有一个政党能垄断真理，或让上帝站在它的那边。当96%的常春藤联盟捐赠者更喜欢某位候选人时，你不得不怀疑学生们是否接触到了多样性观点——这是一所伟大的大学应该提供的。

> 大学的作用不是宣扬一种意识形态。它为学者和学生提供了一个研究和辩论问题的中立论坛——不会向某一个方向倾斜，也不会压制不受欢迎的观点。

我的几个朋友听了布隆伯格毕业典礼演讲的录音。他们都同意布隆伯格的观点。每个人都可以举出自己母校类似的失衡例子。他们都很担心，这种失衡可能会导致大学毕业生对帮助这个国家及其公民变得繁荣的经济体系产生扭曲的看法。

具有讽刺意味的是，很多努力推动种族平等和包容的大学，在政治平等和包容方面却是如此的不平衡。同样具有讽刺意味的是，许多大学花重金请富有的校友吃饭，以寻求捐款，然后公开反对创造财富的体制。大学在努力吸引捐款，但谁愿意喂一张试图咬他的嘴呢！

作为一名投资者和一名美国人，我热切希望我们的政府继续提供一个税收和监管框架，激励企业家进行创新，并鼓励风险投资公司为企业家提供资金。在一个竞争激烈的世界里，我们需要继续开发可以提高我们生活水平并出口到世界其他地方的技术。我们需要凯尔·福格茨（Kyle Vogts）。凯尔·福格茨是谁？凯尔在堪萨斯城的郊区长大。十几岁时，他就对科学产生了兴趣，尤其是对自动驾驶汽车。出于兴趣，凯尔进入了麻省理工学院，但他在大三时离开了这所大学，与人合作创立了贾斯汀电视（在线视频流媒体）。然后，在28岁时，他与人联合创办了另外两家公司。这两家公司都取得了成功，而且都被亚马逊以9.7亿美元的价格收购。最终，在2013年，31岁的凯尔决定继续他青少年时期对自动驾驶汽车的兴趣——他与其他人共同创立了克鲁斯公司。凯尔的想法是在车辆上安装传感器和摄像头。车辆中的软件将即时解读来自传感器和摄像头的信息，然后使用解读后的信息自动驾驶车辆——没有司机，没有方向盘，没有刹车踏板。

克鲁斯公司需要大量资金用于研发。2016年，GM决定提供10亿美元的资金来取得克鲁斯的控制权。GM随后推进了一项极具野心的计划——在21世纪20年代初让自动驾驶汽车上路，从而产生收入。到2020年，克鲁斯公司拥有1800名员工，年度预算约为10亿美元。

GM对创新和技术的大力投入并没有止步于电动汽车和自动驾驶汽车。2021年1月12日，GM推出了一款电动送货车（名为"BrightDrop"）和一款电动托盘（名为"EP1"）。在EP1问世之前，货车司机必须用手或手推车把包裹送到办公楼或制造厂。EP1不需要人工推动。它的可调速电动机可以推动它达到每小时约4.8千米的速度。GM宣称，EP1将提高送货效率，并减少送货司机的体力负担。设计BrightDrop和EP1是为了从福特汽车公司利润丰厚的送货车业务中夺取市场份额。

GM于2021年9月29日推出了Ultifi软件平台，该平台允许该公司更新车辆中的嵌入式程序，并允许车主订阅GM或其他公司提供的无线服务。该公司已经从其高利润的安吉星订阅服务中获得每年超过10亿美元的收入。GM有明确的战略，就是通过提供更多服务来增加订阅收入。

在发布Ultifi大约一周后，GM又发布了一项名为"超级克鲁斯"的驾驶辅助技术，该技术可以免人工驾驶车辆约320万千米。配备超级克鲁斯的车辆可以自动变道、在道路上转弯、避开危险、遵守车速限制、对红灯和停车标志做出反应、与其他车辆保持安全距离以及停车。

我分析了BrightDrop、Ultifi和超级克鲁斯，得出的结论是，它们的收入和利润可能是可观的，但还不足以改变游戏规则。然而，它们都是创新的产品和服务，对我来说，它们表明GM已经成为一家具有前瞻性的公司，致力于通过发明和采用新技术来实现增长。

2021年10月6日和7日，GM为华尔街分析师和投资者举行了一场精心准备的会议。会议的主题是，GM正在从一家汽车制造商向一个技术"平台创新者"转型。显然，玛丽·巴拉希望改变投资者对公司及其未来的看法。为了进一步改变人们的看法，该公司披露了到2030年大约将收入翻一番的计划。来自汽车制造和融资的收入将以年均3%至5%的速度增长。到2030年，订阅服务将带来140亿至190亿美元的收入，而且利润丰厚。BrightDrop的收入将达到100亿美元。而且重要的是，克鲁斯公司的自动驾驶技术带来的收入将达500亿美元。此外，由于新业务将比传统业务获得更高的利润率，GM预计其整体运营利润率将从目前的10%提高到12%~14%。

在GM的会议之后，我需要重新分析和评估该公司。我从分析卡车业务开始。在过去的几年里，有5家公司宣布将进入电动皮卡市场：瑞维安、尼古拉、洛兹敦、卡诺和特斯拉。我相信新进入者是值得认真考虑的，但是，除了特斯拉，其他几家在可预见的未来都不会构成严重的问题。由于规模庞大，GM将比新进入者享有更大的成本优势。此外，GM拥有一个庞大的经销商网络来推广和服务其卡车。由于成本结构，大多数进入者都将卡车定价在单位销量很小的、非常高端的市场上。它们的入门级价格通常是GM的西尔维拉多内燃机皮卡入门级价格的两倍左右。我之所以担心特斯拉，是因为该公司的能力和进取心。特斯拉最初预计在2021年开始交付皮卡（名为"赛博卡车"）。但该公司遇到了制造问题，并宣布首次交付将推迟到2022年年底。我决定，一旦赛博卡车投入商业生产，就需要仔细评估它对GM的利润产生重大不利影响的可能性。与此同时，对皮卡的短期需求似乎是比较高的，而且还在增长。在美国，皮卡的需求与建设水平之间存在相关性。由于最近通过了一项基础设施法案，以及对新房的潜在需求，建筑支出增加的前景是有利的。我的结论是，就目前而言，GM的卡车业务至少应该达到我之前预测的每股5.5美元——但现在除了福特汽车公司和拉姆公司的卡车外，我还必须仔细监控新进入者的卡车。

接下来，我分析了常规的轿车/SUV业务。GM在未来几年内不会出售很多电动汽车，因此早期电动汽车可能较低的利润率不会实质性地稀释轿车/SUV业务的整体盈利能力。2025年之后，电动汽车很有可能在成本上与内燃机汽车竞争，因此可能也不会稀释收益。GM相信，它的新技术——尤其是超级克鲁斯，将使公司获得市场份额。但我不愿预测GM将获得的具体市场份额。因此，我得出的结论是，GM的轿车/SUV业务极有可能保持微利状态。

最后，我分析了克鲁斯公司。虽然最终自动驾驶汽车可能会拥有个人买家，但克鲁斯公司最初的主要市场将是叫车服务——取代出租车、优步车、来福车、豪华轿车服务和公共汽车。第二大市场将是食品和包裹的递送。克鲁斯公司设计了一种名为"猎户座"的载具，可以搭载少量乘客。需要交通工具的人可以用他的智能手机叫一辆猎户座。客户可以选择成为猎户座的唯一乘客，也可以选择与他人合乘一辆车（价格较低）。在10月6日和7日的会议演示中，管理层表示，猎户座的运营成本约为每英里（1英里≈1.6千米）1.50美元。演示文稿中的一个柱状图显示，有司机的叫车服务通常每英里向乘客收取约3美元。从柱状图似乎能看出，克鲁斯公司可能会收取大约2.25美元/英里。因此，每英里的利润大约为0.75美元。我了解到一辆典型的出租车每年载客行驶约65000英里。如果一辆猎户座以每英里2.25美元的价格每年载客6.5万英里，那么它的年收入将达到146625美元。克鲁斯公司预计其2030年的总收入将达到500亿美元。如果收入达到克鲁斯公司预计的500亿美元（假设每辆猎户座都能带来146625美元的收入），那么到2030年，克鲁斯公司需要大约34万辆猎户座在路上行驶。这似乎是一个很高的要求。但即使克鲁斯公司的收入到2030年远低于500亿美元，它也可以改变GM，因为它具有价值，也因为它的一些技术可以用在GM的汽车上，使它们具有竞争优势。

在重新分析了GM的关键部门之后，我现在需要对该公司进行估值。在过去，这是一项相对容易的任务。卡车的每股收益约为5.50美元，卡车的市盈率约为15倍，即使公司的剩余部分一文不值，公司的股票也能价值85美元左右。现在，GM的价值在很大程度上取决于3个未来的未知因素。考虑到未来来自竞争者（尤其是特斯拉）的竞争，卡车的长期价值是一个未知数。轿车/SUV的价值也是一个未知数，取决于GM在电动汽车方面绝对和相对的成功。克鲁斯公司的价值是未知的，它在很大程度上取决于其自动驾驶汽车在未来的商业化能否成功。鉴于这些不确定性，几乎不可能构建一个有关该公司盈利和价值的模型。所以，我没有估值。相反，我对该公司股票的吸引力做出了一个主观判断。做出这个判断，我主要考虑了以下几点。管理层似乎很优秀，而且具有前瞻性。在可预见的未来，卡车业务和克鲁斯公司的合并价值提供了实质性的保护，使公司免受永久性损失。虽然该公司的盈利能力在未来可能会发生变化，但目前其股价仅为正常预期收益（7.00美元）的7.1

倍（股价为55美元）。而且，重要的是，该公司正在努力开拓有前景的新技术，如果这些技术成功，可能会使公司加速成长，并大幅增加公司的价值。

青少年时期，我花了大量时间在阿迪朗达克山脉爬山。有时上山有一条明确的小路。有时根本就没有路，我不得不在丛林中开路，不知道我在任何特定时刻的确切位置。在2021年秋天，GM就像一座需要我在丛林中开路的山，但爬到山顶可能会获得潜在的回报。我渴望爬上这座山。

多年前我汲取到了一个教训——有时投资者无法量化继续持有一项投资的理由，而必须依靠直觉。重要的是，直觉不是鲁莽行事，而是一项基于积累的知识和经验进行的潜意识判断。在做决定的时候，我经常会凭直觉判断自己的直觉是否可靠。当我的直觉告诉我，我可以相信自己的直觉时，我所做决定成功的概率会远远大于失败的概率。

第15章

一封给杰克·埃尔加特的信

2008年，一位年轻的投资经理请我解释一下我们的投资方法，并请我给他一些可能有用的额外建议。为了回应他的请求，我写了下面这封信。

亲爱的杰克：

感谢你的提问，我将在这封信中尽量回答你的问题。我为这封信的篇幅（较长）而感到抱歉。要在几段话里把一个复杂的问题讲清楚是很困难的。此外，请注意，我的投资方法或我的想法并没有什么神圣的。就像生活中的许多事情一样，要成为一名成功的投资者有许多不同的方法。

有句话说，去教堂并不会让你成为基督徒，就像站在车库里并不会让你成为一辆汽车一样。同样，拥有特定的投资策略和方法并不能让你成为沃伦·巴菲特。但它确实有帮助——它帮助我做出理性的投资决策，尤其是在困难时期。

我们的核心策略是购买那些被严重低估的、实力强劲的成长型公司的股票，这些股票可能会因积极的发展而大幅升值。我们的理由是，低估、成长和实力强劲应该可以保护投资者远离永久性损失，此外，低估、成长、实力强劲和积极的发展也会提供赚取高回报的机会。

我要强调的是，我们的首要目标是控制永久性损失的风险。当我们分析一只证券时，我们首先寻找能够保护我们免受在合理时间内无法挽回的损失的属性。在我们确信一只证券的永久性损失风险相对较低之前，我们不会开始分析它的正向属性。

我们对控制风险的重视使我们成为价值投资者，而不是成长股投资者。我们观察到，多年来，许多成长股由于增长速度放缓而永久性地失去了价值，这通常是由于市场成熟或竞争加剧（包括来自新的破坏性技术的竞争——柯达只是其中一个例子）。

在过去60年里，股市提供的年平均回报率约为10%（升值加上股息）。如果一名投资者购买了一组被低估的股票，而这些股票的表现仅仅与市场一致，那么该投资者的平均长期回报率应该在10%左右。然而，如果投资者能找到被低估的证券，并能创造性地预测那些尚未反映在证券价格中的积极发展时，他就有望获得超额回报。积极发展的例子包括：公司或行业收益的周期性上升、一直阻碍收益的问题的解决、令人兴奋的新产品或服务的推出，或者用实力强大的管理层取代实力较弱的管理层。有时，一只特定的证券需要很长时间才能从积极的发展中受益并大幅升值。人必须有耐心。但是，如果预测的积极发展根本没有发生，会发生什么呢？那么，随着时间的推移，平均水平的股票仍然应该能提供大约10%的平均回报。这并不是一个不利的结果。我们失去了糖霜，但我们仍然可以吃蛋糕。

因此，在我看来，一个善于分析、富有创造力和遵守纪律的投资者，如果能做出明智的判断，就能获得远远超过市场平均水平的回报。如果这样的投资者成功地实现了远高于10%的平均回报率，那么他最终可以通过复利的力量变得非常富有。复利是我最喜欢的词之一。复利是强大的。沃伦·巴菲特成为世界上最富有的人之一，不是靠在一次非常成功的投资中突然挖到金矿，而是靠伯克希尔·哈撒韦公司45年来以20%左右的速度复合增值。如果投资者能够实现20%的平均年回报率，那么，45年后，最初的100万美元投资将增值到36亿美元[①]。

然而，虽然价值投资听起来很简单，但你应该记住，有成千上万的其他投资者都在试图成功地做你正在尝试做的事情，所以价值投资是一场竞争激烈的（但也是有趣的和令人兴奋的）战斗。要成为一名成功的价值投资者，拥有高度的创造性思维是有帮助的，这样你才能基于未来的发展，尤其是可能出现的积极发展建立一套理论。我曾花大量时间思考个人如何提高创造力，但人的思维是无定形的，理解思维的创造性活动就像用手描画出云的轮廓一样困难。然而，我想说的是，让你的思维漫游，对新想法和改变持开放态度，并将你的思维从先入为主的观念中解放出来是有帮助的。创造性的想法很少是瞬间产生的，而通常是对现有想法的组合或重新解释。

价值投资者还需要经验。从商学院毕业并从事专业投资工作几年之后，一个聪明而勤奋的投资者可能会熟练地弹奏音符，但仍需要几年时间才能演奏音乐。这就像在音乐和体育运动中一样，最优秀的专业人士往往会通过长期的练习来培养一种节奏和感觉，从而达到最佳效果。在我看来，大多数优秀投资者的直觉（或第六感）部分来自天生的能力，部分来自经验。

除了创造力和经验，优秀的价值投资者还需要有自信，能够做出与其他投资者的传统智慧相反的决定。股票在任何时刻的价格都反映了市场的传统智慧。从概念上讲，一只在你看来不受欢迎且被严重低估的股票，在大多数其他投资者看来并没有被低估。否则，就已经有足够多的其他投资者决定购买该股票，从而将其价格推高至其内在价值。因此，一个优秀的价值投资者

---

① 为了计算方便，我省略了对已实现资本利得和股息的征税，当然，在现实生活中你不能这样做。

必须根据自己的分析和判断做出决定，并忽略华尔街分析师、报纸记者、电视评论员和其他人的大量意见。他必须是一个逆行者，他必须愿意并且能够感到孤独和不舒服。在购买股票时，感觉不舒服通常比感觉舒服要好。

而且，决策很少是明确的。公司的基本面总是存在不确定性，每个公司都有当前或潜在的问题，也有目前或未来的优势。然而，投资者可以尝试评估某些结果发生的概率，然后根据这些概率做出决策。投资都是有概率的。

为了成功地评估可能性并做出正确的投资决策，投资者应该掌握有关他所投资的公司和行业的大量信息。拥有优质的信息（包括数量和质量）可以给投资者带来竞争优势。为了获取信息，我们花了很大一部分时间研究公司的基本面。

虽然投资不是公式化的，但似乎确实有一些反复出现的模式和策略，人们应该利用或防范：

1. 注意不要让你的思维习惯于当前的环境，然后失去远见。在经历了长期的繁荣之后，这一点尤其明显。在"牛市"期间，由于取得了好的投资成果，许多投资者倾向于给予自己过多的信任，却没有将足够的信任给予在创造投资成果方面发挥了巨大作用的积极环境。这可能导致投资者过度自信，从而导致他们对风险的错误评估。

2. 不要用过去或现在的趋势预测未来。过去往往是未来的不可靠向导。通过看后视镜来控制汽车的方向在道路笔直时是可行的，但当道路进入急转弯时就是灾难。投资也是如此。

3. 注意不要去寻找那些能强化你现有观点的信息，也不要去筛除那些可能暴露你现有观点缺陷的信息。当你持有一只证券时，你倾向于更容易接受有关该证券的好消息而不是坏消息，这可能会产生偏见，导致错误的决策。

4. 深入研究股票和行业，注意信息的质量和数量。高质量的信息可以减少不确定性和风险。尽管只依靠少量信息就做出决定是危险的，但也不能因为过度研究一个想法而导致延误，从而错失投资机会。你不必喝一整碗汤才能知道它的味道。

5. 要警惕将投资决策建立在对经济、利率或股市的预测之上。影响经济、利率或股票市场走向的变量太多了，要识别、分析和权衡所有相关变量几乎是不可能的——即使可以做到这一点，投资者也很难估计未来（变量）有多少已经反映在证券的价格中。经验表明，投资者倾向于高估自己对世界的了解程度，低估偶然性在事件中起到的作用。

6. 公司管理层掌握的公司信息比你掌握的要多。更多地关注管理层的所作所为，而不是他们所说的话。记住，管理层和大多数人一样，倾向于从自身利益出发。如果管理层用自己的账户购买公司的股票，这通常是一个有利的迹象，反之亦然。青睐那些有强烈动机使自己的股票获得更高价格的管理层。

7. 要特别警惕管理层和其他人做出的预测，因为如果我们相信他们的预测，并按照他们的预测行事，他们就可以获得既得利益。

8. 要警惕那些在很大程度上通过近期收购"整合"起来的公司。通常，收购是通过拍卖程序进行的，收购方是支付最高价格的一家公司。我同意沃伦·巴菲特的观点，即在竞购战中，最聪明的一方是输家。在佳士得或苏富比的拍卖会上买到一幅画后，我经常会得到台下邻居的祝贺。我的反应是：为什么要祝贺一个人付出了别人都不愿意付出的代价呢？当我评估一家有收购行为的公司时，我会估算近期收购的业务价值与收购时的价格相当，加上后续增长或协同效应带来的一些溢价，如果我认为收购方出价过高，则会再减去折扣。因此，近年来在很大程度上被整合的公司，其价值通常不会比其账面价值有较大溢价。

9. 要了解供求规律。供求平衡通常是商品市场价格的主要决定因素。此外，要意识到反作用力通常会影响供给和需求。例如，当一种商品由于供应紧张而以高价出售时，市场紧俏通常会被新的供应（被高价吸引）、需求减少（受高价驱动）或较便宜的替代商品所缓解或消除。

10. 要谨慎对待他人推荐的股票，尤其是那些看起来口齿伶俐、权威十足，但缺乏成为成功专业投资者所需资源的媒体人士推荐的股票。一匹会数到10的马是一匹了不起的马，但不是一位出色的数学家。

11. 不要过于受媒体的影响。由于坏消息更卖座，所以媒体存在一种对悲观消息的偏好。多年来，媒体预测的许多严重问题并没有出现，或者被证明远不如预测的那么严重。1979年8月13日《商业周刊》（*Business Week*）的封面文章标题是"股市的死亡"。文章的主旨是，投资者正在将普通股换成收益更高的投资，而股市很可能无法很快从多年来的低迷中恢复。在那篇文章发表时，标准普尔500指数并没有比11年前更高。《商业周刊》的预测完全错误。文章发表后不久，股市就进入了一个强劲的牛市。从1979年8月到2000年8月，标准普尔500指数从100点左右增长到1500点左右。如果投资者在1979年8月购买了标准普尔500指数基金，并在21年后卖出该基金，那么他的投资（包括股息）的平均年回报率为16%。

12. 避免过度依赖数字和模型。投资者往往对数字和模型感到放心，因为它们看起来是确定的。然而，它们可能会误导人，因为它们通常基于可能无法重复的历史数据，或者基于可能无法证明有效的假设。我们需要数字和模型，但它们的效用应该与判断力和常识相辅相成。有这样一个故事：一位统计学家在横渡一条平均只有约0.9米深的河流时淹死了。他显然既缺乏判断力，又缺乏常识。

13. 把你的分析和情绪分开。特别是在困难时期，许多投资者变得心烦意乱，让他们的情绪支配他们的投资决策，并做出不理性和代价高昂的决定。通过理解自己的情绪，了解困难时期的本质，投资者就有希望组织和控制自己的思维，理性地思考和行动。

14. 追求简单。投资者事先不可能确定一项投资的最终结果如何，但他可以尝试识别和分析关键可能性，然后评估每种关键可能性发生的概率，最后根据这些关键可能性发生的概率和估算出的经济效益做出合理的决定。我们生活在一个充满各种可能性和概率，而不是确定性的世界中。合乎逻辑的是，如果投资者能够减少他必须权衡的未知因素的数量，他就可以增加成功的机会。因此，当我们的投资结果依赖于相对较少的可能性时，我们会更有信心。

要知道树木长不到天上去。当一只证券或整个市场的价格相对于其历史正常水平过高时，要谨慎。过度估值可能是危险的，尤其是当它成为一种"新常态"时。如果市场情绪向反方向发展，那么过度估值可能会迅速而显著地得到纠正。

15. 几年前，我采用了一种方法来确定股市是否被高估。我首先分析了标准普尔500指数从1960年到2000年这40年间的"收益"。我的结论（在回归分析的帮助下得出的）是，收益以大约6.8%的复合年增长率增长，而2000年标准普尔500指数的趋势线（即正常）收益应该在46.75左右。然后我计算了一下，在同样的40年时间里，标准普尔500指数的平均市盈率约为16倍，我认为这是股票市场的正常市盈率。因此，基于这些历史指标，我得出的结论是，2000年标准普尔500指数的正常水平应该是748（46.75×16）左右。由于收益以6.8%的复合年增长率增长，而且我认为这种增长水平应该会持续下去，因此我可以预测标准普尔500指数未来的正常价值。以2010年为例，标准普尔500指数的正常价值应该是1444点左右（748点在10年内以6.8%的速度递增）。因此，在2010年，如果标准普尔500指数到达1725点，我会得出结论，根据历史指标，股市被高估了大约19%。因为我们希望低买高卖，所以了解市场相对于其历史指标的位置通常是有帮助的，特别是当市场处在一个膨胀的水平上时。

16. 从概念上讲，任何投资者都可以通过接受额外的风险来增加他的收益。国库券被认为是无风险的，但利率很低。投资级公司债券的风险更高，但利率高于国库券。"垃圾债券"通常风险很大，但利率通常也很高。同样，某些普通股的风险比其他股票高。每个投资者都必须分析永久性损失的风险，并决定自己愿意承担多大的风险。对于何种程度的风险规避是适当的，没有正确答案。这取决于投资的性质以及投资者的需求、愿望和个人性格。

17. 虽然投资者应该努力避免永久性损失，但他也必须谨防过于规避风险，因为害怕犯错而拒绝太多有前途的机会。即使是最好的投资者也会偶尔犯错。犯错是人之常情，我们不应该让犯错削弱我们的信心和精神。

18. 如果你最初的决定有缺陷，或者情况发生了变化，你要准备好并乐于改变想法。欣然承认你犯了一个错误。

19. 投资要长期化（至少两年），不要过分强调短期结果的重要性。大多数对冲基金、共同基金和许多其他投资者都面临着实现短期业绩的压力。因此，对于在未来一个季度左右会大幅升值的股票，竞争非常激烈。相比之下，对于那些短期前景不太确定但中长期前景优秀的股票，竞争要少得多，而这正是我们通常希望投资的地方。如果我们在其他人较少垂钓的地方钓鱼，我们就会捕捉到更多更大的"鱼"。

20. 不要试图"择时"入市。股市的短期走向由非常多的因素决定，以至于任何人都难以确定所有相关因素，更不用说理解和权衡它们，然后确定它们在市场价格中的体现程度。此外，这些因素是动态的，择时者会受制于未来的发展，而这些未来的发展很难（而且很多时候是不可能）被预测。由于这些原因，大多数择时者似乎没有达到可接受的成功率。我赞同沃伦·巴菲特的看法，他在1994年伯克希尔·哈撒韦公司的年度股东大会上说："我从来不对市场发表意见，因为这没有任何用处，而且可能干扰到有用的意见。"

21. 只要你能找到足够多的有吸引力的证券，尽量保持满仓投资。因为公司收益和股市会随着时间的推移而增长，如果你满仓投资，你就是在顺流而行。然而，当你找不到足够数量的有吸引力的证券来保持充分投资时，就要愿意持有现金。不要强制保持满仓投资。此外，如果你认为经济中存在过度的或其他不可接受的风险，请适度收紧你的投资标准，出售那些在低风险经济中带来的风险（损失）尚能让人接受，但在高风险经济中会带来让人无法接受的风险（损失）的股票。

22. 试着积极乐观地思考和行动。因为从长期来看，股市每年以中等个位数左右的速度升值，所以对世界持乐观态度通常比持悲观态度更有利。

23. 建立一个集中但同时也多样化的投资组合。从概念上讲，我们为投资组合选择的第一只股票具有最有利的风险回报比，而随后选择的每只股票的风险回报比都会略差一些。因此，由15至25只股票组成的集中投资组合应该比由30至50只股票组成的投资组合提供更好的风险调整回报。然而，人们应该寻求足够的多样性，使一些永久性损失不会永久性地损害投资组合的价值或投资组合经理的信心。对于投资组合经理来说，晚上睡个好觉是很重要的。为了实现集中和多样化，一个投资组合可以由15到25个投资持仓组成，没有任何一只证券占投资组合价值的比例超过12%，没有任何一个行业占投资组合价值的比例超过25%。这些限制应该基于成本考虑，而不是市场价值，这样投资组合经理就不会被迫出售已大幅升值但仍有吸引力的股票。

24. 放松，带着热情去投资。

投资是令人兴奋的，也是智力上的挑战。这很有趣。它也能带来丰厚的利润，尤其是对你这样聪明、上进心强的人来说。我希望，如果你成为一个成功的投资者，如果你变得富有，你会明智地使用你的财富。我相信伯里克利（公元前5世纪的雅典将军和领袖）在一场葬礼演说中所说的是正确的："财富对我们来说不仅仅是一种用于虚荣的物质，更是一个获得成就的机会。"沃伦·巴菲特和比尔·盖茨（Bill Gates）把大部分财富捐给慈善机构，以帮助那些在生活中远不如他们幸运的人，这是正确的。我希望这封信对你有用。再次强调，成功投资的方法有很多——有很多方法可以解决问题。

祝你的投资生涯好运！

艾德加·瓦肯海姆

关于作者

About the Author

　　艾德加·瓦肯海姆三世是投资管理公司格林黑文联合公司的董事长兼首席执行官，该公司是他于1987年成立的。他也是美国全国教育电视台WNET集团的董事会主席、纽约现代艺术博物馆的受托人和纽约公共图书馆的终身受托人。他曾担任多家公司的董事，目前担任中央国家戈特斯曼公司——一家纸浆和纸张的全球营销商和分销商的董事会副主席。瓦肯海姆毕业于威廉姆斯学院和哈佛商学院。在哈佛商学院经过第一年的学习后，他被选为"贝克学者"。他和妻子住在纽约州的拉伊，他的4个成年子女和7个孙辈经常光顾他们的家。